Raphaela Edelbauer wurde für ihr Werk bereits vielfach ausgezeichnet, u. a. mit dem Hauptpreis der Rauriser Literaturtage, dem Publikumspreis beim Bachmann-Wettbewerb, dem Theodor-Körner-Preis und dem Förderpreis der Doppelfeld-Stiftung. Ihre Romane »Das flüssige Land« und »Die Inkommensurablen« waren für den Deutschen Buchpreis nominiert, für ihren Roman »DAVE« erhielt sie den Österreichischen Buchpreis. 2023 wurde ihr die Poetikdozentur in Wiesbaden zuerkannt. Raphaela Edelbauer lebt in Wien.

RAPHAELA EDELBAUER

ROUTINEN DES VERGESSENS

Wiesbadener Poetikvorlesungen

COTTA

Besonderer Dank gilt meinem Vater,
ohne dessen Buch »In welchen Himmel kommen tote Sonnen?« dieser Text nie entstanden wäre.

Cotta
www.klett-cotta.de

Cover: Rothfos & Gabler, Hamburg
Gesetzt von C.H.Beck.Media.Solutions, Nördlingen
Gedruckt und gebunden von Esser printSolutions GmbH, Bretten
ISBN 978-3-7681-9808-0
E-Book ISBN 978-3-7681-9851-6

Zweite Auflage, 2024

EINLEITUNG

Die Texte, die im vorliegenden Band versammelt sind, entstanden anlässlich meiner ersten Poetikdozentur in Wiesbaden. Ich hatte zugegebenermaßen schon lange auf einen solchen Anlass gewartet, denn bereits mein erstes Buch *Entdecker. Eine Poetik* beinhaltet die Idee, dass Sprache der Grundbaustein des Universums ist, und zwar in einem ganz eigentlichen, literalen Sinn. Dass man eine so radikale Position irgendwann ausführlicher begründen muss, versteht sich von selbst, und gerade dies versuchen die folgenden Texte mit je eigenen Schwerpunkten.

Der erste Text zur Fiktionalität geht der Frage nach, wie Sprache in der Welt real wirksam werden kann. Im zweiten Abschnitt zur Praxis wird herausgearbeitet, mit welchen Mitteln der*die Schreibende ein so endloses Feld wie die Sprache überhaupt erkunden kann. Im dritten und letzten Teil über die Metapher verleihe ich der Ansicht Ausdruck, dass es so etwas wie Eigentlichkeit gar nicht gibt und dass statt einer oberflächlichen Ähnlichkeit sogenannter »Bilder« vielmehr ein Konzept wirksam wird, das ich als »Tiefengrammatik« beschreibe. Gerade dieser letzte Gedanke, dass Sprache die basalste Struktur ist, die uns zugänglich ist – und selbst Dingen wie logischen Gesetzen vorgeschaltet ist –, kann meine anfängliche These vielleicht etwas erhellen.

Zuletzt will ich vorausschicken, dass meine Texte auf der Auffassung beruhen, dass Philosophie und Literatur ein und dasselbe Feld sind, auch wenn sie sich durch die Konventionen der jeweiligen Betriebe an der Oberfläche sehr unterscheiden. Kurz gefasst sind die Qualitäts- und Wahrheitskriterien bei beiden insofern ästhetischer und selbstreflexiver Natur, als es auf eine »innere Stimmigkeit« des Textes ankommt. Nicht zuletzt versucht die Auswahl an Texten also auch, meiner Vorstellung literarischen Philosophierens näherzukommen und Anschaulichkeit und Freude am Kommunizieren in komplexen Themenfeldern zu vermitteln.

FIKTIONALITÄT

1.

Eine Anekdote, die mir mein Vater über den Beginn seines Philosophiestudiums erzählt hat, geht so: Er hatte sich für Physik inskribiert und besuchte am ersten Tag des Semesters ein Propädeutikum. Die Vortragenden wollten die jungen Student*innen für ihr Fach einnehmen und begannen die Einheit mit Experimenten – elektromagnetische Induktion mittels zweier Spulen, Schallausbreitung in der Vakuumglocke, Druckausbreitung in Gasen und so weiter. Erst wurde der Effekt des jeweiligen Mechanismus kalkuliert, dann die Ergebnisse verglichen und abschließend mittels Anschauung verifiziert. Als die Flammen wie berechnet züngelten, hob mein Vater die Hand und fragte, warum in aller Welt sich die Natur so verhalte, wie sie es auf ihrem Papier errechnet hatten. Statt einer Antwort gab ihm der Dozent einen Rat, den er letzten Endes auch befolgte: »Gehen

Sie lieber rüber ins NIG zu den Philosophen.« Trotz dieser spröden Reaktion bin ich der Meinung, dass mein Vater hier etwas sehr Wesentlichem auf der Spur war. Die Frage, wieso wir mittels sprachlicher Zeichen und ihrer Relationen die Zukunft vorhersagen oder zumindest den Mechanismen der Natur in der sogenannten Realität nachstellen können, ist in keiner Weise trivial. Sie tangiert das Rätsel, wie und warum Begriffe sich auf die Welt beziehen können – aber auch jenes, warum uns das nicht als das Wunder erscheint, das es meiner Ansicht nach ist.

***

Etwa 34 Jahre später machte mich während meines eigenen Studiums ein Professor namens Richard Heinrich in einer Vorlesung über Rationalismus mit dem sogenannten Pappusproblem bekannt. Es handelt sich dabei um eine mathematische Frage, die Pappus von Alexandria im 4. Jahrhundert nach Christus stellte (und beantwortete) und die später René Descartes zu einigen Grundlegungen der analytischen Geometrie motivierte.[1] Bei einem Pappusproblem handelt es sich um ein sogenanntes Ortsproblem, womit eine Aufgabe gemeint ist, bei der zu gegebenen Bedingungen ein geometrischer Punkt (»ein Locus«) gefunden werden soll, der eben diese erfüllt.

In jenem Fall, den Pappus beschrieb, waren

- beliebig viele Geraden l1 ... lx,
- eine Anzahl festgelegter Winkel w1 ... wx sowie
- bestimmte Längenverhältnisse der Linien, die den gesuchten Locus mit den Geraden im Winkel w verbinden (also z. B. $\frac{1}{2}$), gegeben.

Zur Illustration ein etwas konkreteres Beispiel: Gefunden werden soll ein Punkt zu drei gegebenen Geraden, sodass, wenn man den Punkt mit eben diesen Geraden in einem bestimmten Winkel (z. B. 45 Grad) verbindet, für die Längen der so entstandenen Distanzen gilt: $\frac{x}{y} = \frac{x}{z}$.

Punkte, die diese Bedingungen erfüllen, gibt es dabei unendlich viele, denn aus ihnen entsteht eine Kurve.

Spannend ist nun die Methode, die Pappus vorschlägt, um die Punkte zu ermitteln. Seine Strategie liegt nämlich darin, so zu tun, *als hätte man bereits die Lösung*. Man setzt ein Zeichen ein, das die Lösung vertritt – das, was wir heute als Platzhalter für mathematische Objekte (z. B. Zahlen) einsetzen und als Variable bezeichnen. Mit dieser lässt sich bekanntlich so rechnen, als würde dort bereits eine Zahl stehen. Descartes' Beschreibung, in der er sämtliche solcher Ortsprobleme durch die Erfindung des (naheliegenderweise) »kartesischen Koordinatensystems« generalisierte, ist viel komplexer, aber mir geht es nur um diesen einen Gedanken – dass man mit etwas eigentlich noch nicht Gefundenem rechnen kann.

Dass uns dieses Vorgehen in der Schule als vollkommen ordinär beigebracht wird, verschleiert, wie unglaublich radikal diese Idee war und bis zu einem gewissen Grad noch ist. Wir können nämlich nicht nur mit dem Imaginären so umgehen, als wäre es real, und es in die Lücken der Wirklichkeit hineinschreiben, sondern wir sind hier sogar auf das Antizipierte angewiesen, um es ins Reale zu überführen. Die Zahl tritt erst als Abwesend-Imaginäres, als bloßer Stellvertreter, auf; sobald man sie jedoch gefunden und damit »bewiesen« hat, noch einmal als sie selbst. Eine Fiktion dient hier dazu, durch Permutation der Verhältnisse in die Wirklichkeit überzugehen, sich gleichsam *selbst aufzufinden.*

***

Eine tiefergehende Analyse dessen, was die Frage meines Vaters und Pappus gemeinsam haben, steckt im Wesentlichen ab, was eine Fiktionalitätstheorie für mich leisten muss. Beide Beispiele zeigen – aus je verschiedenen Bereichen kommend –, dass das sogenannte »Echte« und das Imaginäre an gewissen Punkten permeabel zueinander sind. In den folgenden Abschnitten wird immer deutlicher hervortreten, dass sie sogar aufeinander angewiesen sind oder, noch radikaler formuliert, dass das, was wir normalerweise als Realität bezeichnen, nur eine sehr spezielle und privilegierte Form der Fiktion ist. Das kehrt auf den ersten Blick die Richtung um, in der viele literaturwissenschaftliche Fiktionalitätstheorien operieren, indem sie annehmen, die Fiktion sei eine verzerrte, erfundene Variante der echten Welt.* Ich will mich hier jedoch auf einen anderen Punkt konzentrieren – und zwar auf das Rätsel, warum Fiktion selbst in den Naturwissenschaften eine tragende Rolle spielt. Der ontologische Status fiktionaler** Objekte hat es in sich, und meine These ist es, dass die Mechanismen literarischer Fiktion all unsere Erkenntniswerkzeuge, bis hin zur wissenschaftlichen Modellbildung, erst ermöglichen.

2.

Es ist kein Geheimnis, dass ich in meinem Schreiben maßgeblich von den Spielen der Firma Nintendo beeinflusst wurde. Zwar kaufe ich zuweilen auch Titel

---

* Natürlich gilt das nicht für alle literaturwissenschaftlichen Theorien; doch zugunsten der Lesbarkeit des Textes verzichte ich an dieser Stelle auf eine Übersicht all jener, die ein komplexeres philosophisches Bild zeichnen.

** Die Begriffe fiktional/fiktiv (für den Unterschied siehe etwa Martínez; Scheffel 2016, S. 16) werde ich in dieser Poetik synonym verwenden.

anderer Entwicklerstudios oder das ein oder andere Indie-Spiel, aber etwas an den Blockbustern meiner Lieblingsfirma ist über die letzten 30 Jahre unvergleichlich geblieben und zieht immer neue Generationen von Spieler*innen in seinen Bann. In den sich wandelnden Moden der Videospielbranche hat Nintendo sich seine Einzigartigkeit bewahrt, indem die Marke immer eisern an ihrer Identität festgehalten hat. Dieses Festhalten drückt sich vor allem in einer sehr bestimmten Haltung aus, die für große Studios höchst ungewöhnlich ist. Shigeru Miyamoto, der Franchises wie Supermario oder Zelda erfunden hat, fasste diese Besonderheit einmal treffend zusammen: Nintendo ginge es nicht um Realismus in den Spielen, sondern um Realität. Das zeigt sich nicht nur in der Software, die Nintendo produziert, sondern auch in der Hardware, denn die Nintendo Switch hat eine 1.6 Mal langsamere CPU und 4 Gigabyte weniger RAM als die gleichzeitig erschienene Playstation 4. Das ist ein Zeichen recht eindeutiger Prioritäten. Andere Studios wie Virgin Games, Activision oder Ubisoft produzieren mit immer aufwendigerer Technik nahezu fotorealistische Spiele, die aufgrund der hohen Anforderungen an die Grafik jedoch immer linearer werden. Keine Frage, das kann Spaß machen, aber es bringt auch erhebliche Limitierungen mit sich. Denn das Problem an diesen Blockbustern – sagen wir »The Last of Us« – ist, dass sie einem Anspruch nachlaufen, der niemals eingelöst werden kann: Sie versuchen, die echte Welt zu simulieren. Dieser Realismus stürzt einen von einem Uncanny Valley ins nächste; die kleinsten Imperfektionen wirken vor dem Hintergrund des generellen Realismus gespenstisch. Eine Frage bleibt bei einer solchen Strategie ungeklärt: Basiert unsere Weltwahrnehmung wirklich auf dem »Aussehen« dieser Welt oder einer exakten Replikation einer bestimmten, genormten Sinneserfahrung? Ist es sinnvoll, dass eine immer bessere Grafik und eine höhere Rechenleistung für mehr NPCs eine permanent komplizierter werdende Täuschung erzeugen? Oder ist es etwas ganz und gar anderes, das uns den Eindruck schenkt, einer neuen, reichhaltigen Welt zu begegnen? Einer Welt, die vollkommen kohärent und fast real erscheint, obwohl sie offenkundig nicht echt ist? Warum wirken »The Legend of Zelda: Breath of the Wild« mit seinen comichaften Cel-Shading-Elementen, oder »Pikmin 4« mit seinen überzeichneten Makroansichten, warum das animehafte »Xenoblade« so komplett und eben: wirklich? Warum scheint das Indie-Spiel »Stardew Valley« einen Kosmos mit allen notwendigen Möglichkeiten zu enthalten, obwohl er buchstäblich im 8-bit-Look daherkommt?

Weil Realität priorisiert wird, nicht Realismus. Realität bedeutet hier, dass die Kohärenz von Naturgesetzen oder die Vollständigkeit einer Welt in sich stimmig ist, unabhängig davon, ob diese mit der echten Welt übereinstimmt. Realismus hingegen ist Mimesis, und diese muss an einem gewissen Punkt immer scheitern, weil sie, selbst wenn sie das Nachgeahmte einholen könnte, maximale Doppelung wäre. Realität hingegen ist der Grundbaustein nicht nur einer, sondern aller denkbaren Welten.

Diese Dichotomie lässt sich weiterdenken und auf die Literatur übertragen. Die eigentlich erstaunliche Tatsache, dass erfundene Welten – ja, sogar solche, die es niemals geben wird – bedeutungsvoll für uns sein können, hat damit zu tun. Sie sind unrealistisch, aber real. Warum erschafft z. B. die »Foundation«-Trilogie von Isaac Asimov eine Form von Plausibilität, Kohärenz – ja, eine Form von Wahrhaftigkeit –, wenn alles, wovon erzählt wird, kontrafaktisch ist? Es ist, ganz wie in Nintendos Pikmin-Spielen, ausgeschlossen, dass dies qua Repräsentation geschieht – das Repräsentierte gibt es schlicht und einfach nicht. Alle erzählende Literatur hat wenigstens in einer abgeschwächten Form mit diesem Widerspruch zu tun, der in der philosophischen Fachliteratur heftig debattiert wird.

Unter dem *Paradox of Fiction* versteht man ein von Colin Radford und Michael Weston 1975 beschriebenes Dilemma.[2] In ihrem Paper geht es um die Frage, warum wir für fiktive Figuren, wie beispielsweise Anna Karenina, Empathie empfinden können. Erweitert man diesen Gedanken auf alle Übertrittsflächen, an denen Literatur real wirksam wird, entstehen weitere Fragen: Warum überhaupt können wir Prosa auf unser eigenes Leben beziehen oder aus fiktiven Versuchsanordnungen etwas lernen? Wie wird ein politisches Theaterstück für einige Zuschauer*innen realpolitisch wirksam, und warum hat Nabokovs *Lolita* seinerzeit eine gesellschaftliche Debatte ausgelöst, wenn doch alles darin ausgedacht ist? Ich würde sagen: Weil Fiktion nichts mit Erfindung zu tun hat. Gute Literatur findet ihr Spielfeld nicht im Realismus, sondern in der Realität und ist in dieser Bemühung zuweilen realer als die wirkliche Welt selbst.[*]

***

Für die Anschaulichkeit dessen, was ich unter dem speziellen Wahrheitsanspruch der Dichtung und den Mechanismen verstehe, die es ihr erlauben, in der Welt zu wirken, habe ich drei Punkte im Sinn. Ich nenne sie: a) Zusammenfall von Sinn und Bedeutung, b) Wahrheitsanspruch der Methode, c) Notwendigkeit des Kontingenten. Sie alle beschreiben Eigenschaften, in denen Fiktion

---

* Aus Platzgründen überspringe ich in diesem Vortrag Aristoteles' *Poetik* und Platons *Politeia*, die Konzeptionen von Searle oder die Interpretationen von Kendall Walton, klassische wie interessante Positionen also, deren Vertiefung lohnenswert ist.

sich von alltäglichem Sprechen unterscheidet und die deswegen bemerkenswert sind.

a) Zusammenfall von Sinn und Bedeutung

Die Logik – und auch unsere Alltagssprache – fordert, dass ein Satz und seine Wahrheitsbedingungen voneinander getrennt sind. Sage ich etwa zu Ihnen: Wiesbaden ist eine Stadt von etwa 283 Millionen Einwohner*innen, so können Sie diesen Satz anhand von Fakten, die außerhalb des Satzes liegen, nachprüfen. Sie werden bei Wikipedia nachschauen, einen kundigen Menschen fragen oder bei der Stadtverwaltung anrufen. Was Sie nicht tun werden, ist, den Satz 200 Mal zu lesen, denn die Erwartung, dass Sie dadurch mehr über seine Wahrheit lernen, wäre absurd. Dieser zentrale Anspruch unseres Weltverständnisses, dass eine Behauptung unterschieden ist von dem, was sie wahr macht oder wie wir sie überprüfen, gilt in der Fiktion jedoch nicht. Würde ich etwa schreiben: »Es war ein kalter November in Wiesbaden, und es regnete schon den fünften Tag in Folge«, so wäre damit gleichzeitig eine Welt geschaffen *und* etwas, was in ihr wahr ist. Wie grundlegend dieser Unterschied ist, zeigt auch ein zweites Beispiel: »In Atlantis zahlten wir Steuern auf das Schnäuzen.« Dieser Sprechakt besagt zum einen, dass Atlantis existiert, und zugleich wird etwas über Atlantis behauptet.

Literarische Sätze sind an nichts zu überprüfen, außer an sich selbst und dem sie umgebenden Text. Diese Besonderheit, die ich im Frege'schen Sinne[3] als Zusammenfall von Sinn (dem Satzgehalt) und Bedeutung (dem Wahrheitswert) bezeichne, ist eine wirklich einzigartige Besonderheit fiktiven Erzählens, die uns nur deswegen nicht auffällt, weil wir sie so gewohnt sind. Der Begriff von Wahrheit ist hier, da er quasi selbstreferenziell ist, so speziell, dass er radikal von unserem »normalen« unterschieden ist und zu bizarren Folgen führt, auf die ich später noch eingehen werde.

b) Wahrheitsanspruch der Methode

Ein berühmtes Beispiel in der Fiktionalitätstheorie angelsächsisch-analytischer Prägung ist Sherlock Holmes, der wie ein Kistenteufel aus allen Papers springt. Eine der beliebten Fragestellungen geht etwa so: Was bringt uns dazu, »Sherlock Holmes was a brilliant detective« als wahr zu betrachten, aber »Sherlock Holmes was a plodding policeman« als falsch, wenn es ja eigentlich gar keinen Sherlock Holmes, also gar kein Referenzobjekt, gibt? Ein solcher Satz sei elliptisch, sagt David Lewis[4], und bedeute eigentlich: »In Arthur Conan Doyle's book Sherlock Holmes was a brilliant detective.« Aber dieser Gedanke wirft einige Probleme auf. Leser*innen erfahren aus der Holmes-Lektüre beispielsweise auch, dass London die Hauptstadt Englands ist. »In Arthur Conan Doyle's book London was the capital of England« klingt aber ebenso falsch wie »In Patrick Süßkinds Roman kann Parfum durch Mazeration hergestellt werden«. Beide Sätze würden, obschon aus den Büchern gelernt, ohne den ersten Teil des Satzes wesentlich richtiger klingen. Platon bezichtigte die Dichter wegen ihres fiktionalen Sprechens bekanntlich als Lügner.[5] Aber warum können wir dann Tatsächliches aus ihnen lernen?

Auch wenn Kendall Walton in seinem berühmten Essay von 1978 Literatur eine Qualität namens »fiktionaler Wahrheit« zuspricht,[6] verfehlt er jedoch meiner Ansicht nach, was die wirkliche Bedeutung eines Textes ist. Weder die Tatsache, dass Sherlock Holmes in der Bakerstreet wohnt, noch seine Drogenabhängigkeit bilden den eigentlichen Gehalt eines Textes. Hoch spannend ist dagegen die Erkenntnis, dass sich Fakten der Welt in bestimmter Weise deduzieren lassen. Wie sich die Elemente der Geschichte zueinander verhalten und sich die Form des Textes aufschließen lässt, generiert am Ende die Bedeutung des Textes – und dies ist eine tatsächliche, keine fiktionale Wahrheit. Hier geht es demnach auch nicht um die Textinterpretation. Der epistemologische Kern eines literarischen Textes verweist durch seine Struktur auf eine tatsächliche Wahrheit, die in der sogenannten »Welt« gilt.

Die fiktionalen, nicht in der Welt geltenden Wahrheiten sind dagegen nur eine Art Hilfskonstruktion wie die imaginäre Variable im Pappusproblem. Beides lässt sich an folgendem Beispiel veranschaulichen: In meinem Roman *Das flüssige Land* wird in der Gemeinde Groß Einland eine Physikerin namens Ruth Schwarz mit der Vertuschung eines in der Vergangenheit liegenden Verbrechens durch eine Gräfin konfrontiert. All diese Elemente sind erfunden, also nicht im eigentlichen Sinne wahr. Die Relation dieser Dinge aber, die durch eine formale Präsentation *behauptet* wird – eine bewusste Vertuschung der nationalsozialistischen Vergangenheit durch Machthaber*innen zum Beispiel – ist im absoluten Sinne wahr. Ich werde im weiteren Verlauf dieser Poetik Argumente dafür anbringen, dass nur Fiktion solche allgemeinen Wahrheiten behaupten kann, gerade weil ihr die Konkretheit eigentlicher Fakten abgeht. Für den Moment will ich aber vor allem festhalten, dass das in der analytischen Philosophie tradierte Sprechen über Fiktion als »nicht sinnvoll« oder »unwahr«, das insbesondere in Bertrand Russels *On Denoting*[7] seinen Ausdruck findet, dem Gegenstand nicht gerecht wird. Und zwar, weil es den Sinn oder die Wahrheit eines literarischen Textes in seinem propositionalen Gehalt sucht, statt in der Form, die nach einem tieferen Gehalt jenseits des Einzelfalles strebt. Der Inhalt eines Textes ist im

Pappus'schen Sinne nur eine beliebige Variabel – ein Zeichen von vielen –, das die Formel dahinter aufdecken kann.

c) Notwendigkeit des Kontingenten

Der dritte Punkt ist eine Folge des ersten, verdient es aber, noch einmal separat erläutert zu werden. Ihm liegt eine banale Erkenntnis zugrunde: Wenn in meinem Arbeitszimmer eine einzelne blaue Socke liegt, kommt dieser keine übergeordnete Bedeutung zu – wenn sie in einem Text von Agatha Christie auftaucht, werden wir aber zu Recht aufhorchen. Kontingent bedeutet in unserer Alltagssprache das Nicht-Notwendige, das Zufällige. In einem literarischen Text aber verhält es sich anders. Alles Benannte formt die Welt und ist daher aus Sicht ebendieser Welt notwendig. Wirklich Kontingentes tritt in einem Text nur als das Nicht-Benannte auf. Unzählige Bilder und Ideen treten in der Dostojewski-Leserin auf, wenn etwa von St. Petersburg die Rede ist. Die Blutskirche, der Fluss Newa oder tanzende Kosaken im Hintergrund, eine belebte Stadt – all das ist variabel und daher kontingent.

Wenn Dostojewksi aber ein ärmliches graues Gewand des Protagonisten anspricht, so ist dieses ein essenzieller Aspekt des Weltenbaus. Ich, als echte Person, mag einen Hut aufhaben, den ich morgens ganz zufällig schön fand. Wenn aber meine Protagonistin einen Hut aufhat, steht dies für etwas, ob ich will oder nicht. Er charakterisiert sie, macht sie zu einer Frau-die-einen-Hut-trägt und determiniert sie in einer gewissen Weise, etwa, was ihren sozialen Status oder ihr Modebewusstsein betrifft.

Ich würde so weit gehen, zu behaupten, dass es in einem literarischen Text überhaupt nichts Kontingentes gibt (außer vielleicht einen Tippfehler, was ich aber nicht unbedingt im epistemologischen Kosmos des Werkes verorten würde).

Die Gemeinsamkeit der drei genannten Punkte liegt in ihrem gesteigerten Anspruch an Realität – nicht in einem geschwächten. Es gibt die Tendenz, Fiktion als eine Form der Lüge,[8] als erzählerischen Schein[9] oder als Metarepräsentation streng getrennt von der Wirklichkeit[10] zu beschreiben. Hier dagegen wurde auf verschiedene Weisen gezeigt, dass Fiktion sogar einen verdichteten Wahrheitsanspruch in sich trägt.

So macht es der Zusammenfall von Sinn und Bedeutung unmöglich, dass ein literarischer Text lügt (wiewohl sein unzuverlässiger Erzähler das durchaus tun mag), denn sein Wahrheitswert ist bereits in der Äußerung enthalten. Der Wahrheitsanspruch der Methode lässt die vordergründige Handlung transparent werden, um den Blick auf dahinterliegende größere Bewegungen, gesellschaftliche Zustände oder Ideen zu lenken. Dichtung verweist qua fiktiver Anschauung auf abstrakte Prinzipien, sodass möglich wird, was in Sachtexten nicht funktionieren kann: Die Idee selbst tritt auf.

Noch das kleinste, scheinbar nebensächlichste Detail ist notwendiger Bestandteil der Versuchsanordnung. Literarische Texte können in Vertretung vieler Fälle stehen statt nur eines einzigen; sie können viele Schicksale verdichten und eine Idee als Form hinter dem Konkreten sichtbar machen. Dass Groß-Einland eine Verschmelzung mehrerer österreichischer Gemeinden darstellt und quasi als ihr Stellvertreter fungiert, ist klar – und auch, dass dies in einem wissenschaftlichen oder Sachbuchtext nicht möglich wäre.

Nur die Dichtung bietet die Möglichkeit, mit dem Abstrakten so umzugehen, als wäre es ein Einzelding – das ist etwas, das Fiktion und Fiktion allein kann. Groß-Einland ist eine Metapher, aber eben gleichzeitig auch ein Dorf mit einem Bürgermeister, einer Blaskapelle und Häusern, in denen manifeste Vorgänge stattfinden. In der Fiktion kann man Platons Pferd sozusagen auch wirklich reiten. Die Einzigartigkeit im Wahrheitsanspruch des Fiktionalen liegt darin begründet, dass sie Oberfläche und Tiefe verbindet oder, mehr noch, diese Begriffe obsolet macht.

***

Die Auswirkungen, die eine solche Idee von Fiktion auf mein eigenes Schreiben hat, sind zahlreich. Die erzählte Geschichte betrachte ich wie ein Gewand, das ich einer zuvor ersonnenen Struktur (quasi einem Ideen-Mannequin) anziehe. Obwohl es maßgefertigt ist, ist es doch wesentlich variabler als das zugrundeliegende Modell. Autofiktionalität lehne ich für meine eigenen Texte ab, weil ich mich für mich selbst wesentlich weniger interessiere als für allgemeingültige Fragestellungen. Charaktere, die in meinen Texten auftreten, behandle ich als Figuren, nicht als Personen – denn für das Erzählte ist es elementar, dass sie über sich selbst hinausweisen. Vielleicht ist das alles weniger Ausdruck meines Schreibens im Besonderen und vielmehr Kennzeichen einer bestimmten Tradition. Stärker als jede andere Literatur haben mich die Texte Elfriede Jelineks beeinflusst sowie viele andere Vertreter*innen der österreichischen Avantgarde der 1960er-Jahre. Bei Jelinek entkörpert sich die Rede gar so weit zum Abstrakten hin, dass nur mehr Sprachflüsse bestehen, die die Allgemeinheit bestimmter Ausdrucksweisen ausstellen.

Was mein Schreiben darüber hinaus stark prägt, ist seine Hinwendung zur Naturwissenschaft. Das hat mehrere Gründe, und ich werde oft nach ihnen gefragt. Eine relativ simple Antwort ist: Mich interessieren Fachsprachen als abgekapselte Schatzkammern von Ausdrucksweisen, die an der Grenze von bekannt und unbekannt angesiedelt sind. Solche Experimentierfelder enthalten nicht nur Worte, sondern einen ganzen Weltbezug. Ich glaube etwa, viel lernen zu können, indem ich die vermeintlich unverrückbare Weltsicht der Wissenschaft beschreibe, die dann an gewissen Punkten eben doch fluide ist. Nirgendwo zeigt sich besser, dass der feste Boden, auf dem wir wandeln, Abstraktion und sprachlicher Ausdruck ist.

Neben den genannten gibt es noch einen weiteren Punkt, der sich nicht gut in einer Interviewantwort verstauen lässt, aber von allen der wesentlichste ist. Ich bin der Überzeugung, dass naturwissenschaftliche Modellbildung und literarische Fiktion ähnlich funktionieren und deswegen höchst aufschlussreich ineinandergreifen. Damit stehe ich, wie bei den meisten interessanten Positionen, die man einnehmen kann, natürlich nicht alleine da.

Unter dem *Fiction View of Models* versteht man die Idee, dass naturwissenschaftliche Modelle wesentliche Merkmale von (literarischer) Fiktion entlehnen. Bevor wir uns aber diesem Gebiet widmen, werde ich noch ein paar Dinge zu naturwissenschaftlicher Modellbildung voranstellen.

3.

Allgemein gilt: Ein Modell ist die Übertragung eines realen Systems in eine vereinfachte Darstellung, wobei jenes auch in der Zukunft, der Vergangenheit oder einem abstrakten Raum liegen kann. Ein kleines Holzsegelschiff kann Modell der Gorch Fock sein, ein Mobile in einem Kinderschlafzimmer Modell des Sonnensystems. Wir können aber auch Kastanien verwenden, um die Aufstellung von elf Fußballspieler*innen anzuzeigen oder ganz auf materielle Repräsentation verzichten und stattdessen Zahlen heranziehen, um beispielsweise die Bewegung des Balls abzubilden. Die Relativitätstheorie ist Modell des Wirkens von Energie, und Algorithmen können in der Psychologie das Verhalten von Kohorten voraussagen. Sehr einfache, handfeste Dinge und hochgradig abstrakte Dinge teilen sich also die Eigenschaft, Modell von etwas sein zu können. Gemeinsam ist ihnen, dass sie wesentliche Aspekte des Originals beibehalten und unwesentliche verwerfen; es muss also im Zuge der Modellbildung eine Auswahl getroffen werden. Die kleine Gorch Fock hat drei Masten, und das Verhältnis von Länge zu Breite entspricht dem echten Schiff – sie muss aber beispielsweise nicht aus Holz sein, um als Modell erkennbar zu sein. Die Entscheidung, welches Kriterium in der Repräsentation wichtig ist und welches nicht, ist kulturell tief verankert. Man kann diese Eigenschaften auch nicht einfach ersetzen. Es wäre in den meisten Zusammenhängen seltsam, jemandem einen Zahnstocher aus Holz als Modell der Gorch Fock zu überreichen, obwohl das Material korrekt repräsentiert ist.

In einem naturwissenschaftlichen Modell werden die Partikularitäten der Einzelfälle verworfen, um eine allgemeine Regel aufzustellen. Die Auswahl beschränkt sich hier also auf eine einzige Eigenschaft, und zwar jene, die sie mit allen vergleichbaren Fällen teilt. Anschaulicher gesprochen: Das Galilei'sche Modell der Fallgeschwindigkeit verwirft alle Eigenschaften von Einzelkörpern, nur nicht jene, dass sie mit $v=g \cdot t$* fallen. Modelle können sich auch auf die Zukunft beziehen, also etwas repräsentieren, was noch gar nicht da ist – etwa die Wurfbahn einer Orange, die ich noch in der Hand halte, oder ein Haus, das erst gebaut werden soll.

Nach Herbert Stachowiak müssen Modelle drei Eigenschaften erfüllen:[11] Abbildung, Verkürzung und Pragmatik. Die ersten beiden Punkte wurden bereits erläutert, es bleibt noch der dritte. Pragmatik fragt nach der Funktion, die das Modell in Bezug auf das Original erfüllt. Anders ausgedrückt: In welcher Hinsicht ist b Modell von a? Ein besseres Verständnis eines gewissen

* v = Geschwindigkeit / g = Gravitation / t = Zeit

Phänomens innerhalb von a wäre ein solcher Grund. So ist es etwa denkbar, dass man eine Computersimulation des Wählerverhaltens entwickelt, um gesellschaftliche Tendenzen ablesen zu können, oder ein Modell der Wasserströmung vor der Konstruktion eines Kraftwerks, um dessen Effektivität einzuschätzen.

Da hier von verschiedenen, hochkomplexen Formen der Repräsentation die Rede ist, handelt man sich jedoch auch philosophische Probleme ein. Was haben ein Pixel und das Kaufverhalten eines Menschen nach dem herkömmlichen Verständnis von Darstellung noch gemein? Wie kann ich die Aussagekraft eines Modells überprüfen, außer anhand eines weiteren Modells? Und, um die Frage meines Vaters noch einmal aufzugreifen: Kraft welcher unfassbaren Qualität können Kritzel auf einem Papier die Planetenbewegungen »vertreten« und voraussagen?

Wo genau ist das Imaginäre in diesen Beispielen nun verankert? Meine Überzeugung ist: an zwei verschiedenen Stellen. Um das zu veranschaulichen, betrachten wir drei Beispiele aus verschiedenen Bereichen der Modellierung: das Reiz-Reaktions-Modell des Behaviorismus erstens, die mathematische Modellierung einfacher Gymnasial-Beweise zweitens und ein computergestütztes Klimavorhersagemodell drittens.

Der erste Punkt, an dem das Imaginäre zutage tritt, ist

so banal, dass man ihn fast übersehen könnte: Die Modelle sind, wie bereits erwähnt, nicht das, wofür sie stehen. Eriksons Stufenmodell setzt sich nicht aus echten Kindern zusammen, das mathematische Modell über die Verteilung von Primzahlen besteht nicht aus Primzahlen, und das Klimamodell ist nicht das Klima. Die kleine Gorch Fock ist nicht die echte Gorch Fock, und im Gegensatz zu dieser sehen die meisten Modelle dem, was sie repräsentieren sollen, nicht einmal ähnlich.

Sie müssen also, nachdem sie nicht identisch sind, in einer Referenzverbindung stehen, und während diese beim Schiffsmodell recht einfach nachzuvollziehen ist, ist die Projektionsleistung z. B. beim mathematischen Modell so komplex, dass sie uns erstaunen müsste, wären wir nicht so sehr an sie gewöhnt.

Dass wir die Programmzeilen eines Algorithmus als »das Klima« auffassen können und seinen Output als Zukunft interpretieren, ist absolut nicht trivial. Wir besitzen also die Fähigkeit, Dinge, die oberflächlich nichts gemein haben, als etwas anderes zu sehen.

Wittgenstein erklärt in seinen *Philosophischen Untersuchungen* eines seiner berühmtesten Konzepte, das Aspektsehen[12] – im Englischen bezeichnet als *seeing-as*. Anschaulich wird es, wenn man zwei Beispiele der Modellierungsspezialisten Roman Frigg und James Nguyen heranzieht:[13] eine Karikatur, in der Winston Churchill als Dogge gezeichnet wurde, und ein Video von Pink

Floyd, in dem die Schule als ein Fleischwolf dargestellt ist. Menschen, die eine ähnliche kulturelle Prägung erfahren haben wie der Karikaturenzeichner, werden die Übertragung verstehen und sagen: Nun, es soll gezeigt werden, dass Churchill einige Eigenschaften einer Dogge besitzt!

Das ist aber alles andere als selbstverständlich. Was bedeutet es, Churchill als Dogge zu sehen, wenn es eine seiner basalsten Eigenschaften ist, dass er ein Mensch war? Zudem identifiziert man ihn ja gerade anhand seines Gesichts, das ihn von allen anderen acht Milliarden Menschen unterscheidet. Wie kann also gerade durch einen Hundekopf etwas sehr Spezifisches über ihn ausgesagt werden? Ich werde diese Fragen an dieser Stelle nicht beantworten können, aber fest steht auch für Nguyen und Frigg, dass das Sehen-als sich gewisser Methoden der Fiktion bedient.

Auch Modelle fallen unter das Aspektsehen. Es bedarf einer Leistung der Abstraktion, sich die Codezeilen eines Computermodells als Klima vorzustellen. Es ist ein Spiel des Als-ob und ein Schritt ins Imaginäre, die Ergebnisse in ein echtes Zukunftsszenario zu projizieren. Es gibt aber noch einen zweiten Punkt, inwiefern sich Modelle der Fiktion bedienen. Ich habe ihn durch die Erläuterung des Pappusproblems bereits angekündigt, denn es handelt sich um jenen der Hilfskonstruktionen. Mathematische Modelle machen diesen Aspekt am klarsten fassbar, deswegen werde ich hier ein Beispiel aus der Geometrie erläutern.

Schüler*innen wird oft ein Satz präsentiert, dessen Wahrheit vorausgesetzt ist. Es gilt lediglich, ihn mit Hilfe einer Als-ob-Annahme zu beweisen. Dieser Satz kann zum Beispiel die Kreisfläche $A = r^2\pi$ sein. Lässt er sich beweisen, indem wir weitere Annahmen treffen und die Elemente neu ordnen? Hilfskonstruktionen können dabei Behauptungen, geometrische Objekte (Tangenten, Punkte, Umkreise etc.) oder Gedankenexperimente sein. Man treibt sozusagen mit verschiedenen Ideen seine Experimente, und zwar so lange, bis man auf einen bekannten, also mathematisch unbestrittenen Satz stößt. Und da passiert, was auch Pappus und Descartes schon fasziniert hat: Man dreht sich, auf diesem schon bekannten Satz aufbauend, um, kann nun die Hilfskonstruktionen tilgen und die gesuchte Lösung in die Wirklichkeit überführen. Das klingt abstrakt, mit einem Beispiel wird es aber intuitiver.

Zur Veranschaulichung eignet sich erneut die Herleitung der Kreisflächenformel. Fiktion kann hier bedeuten, dass man sich zunächst eine Hilfskonstruktion überlegt: Angenommen, man würde wissen wollen, wie groß ein Kuchen ist, so könnte man ihn in Stücke schneiden und diese zu einem Rechteck anordnen. Die Länge eines einzelnen Stücks ist – wie sich ablesen lässt – gleich dem Radius des Kuchens. (Wem die Länge l hier

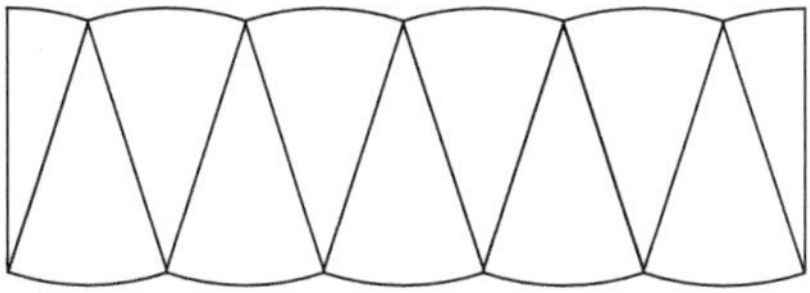

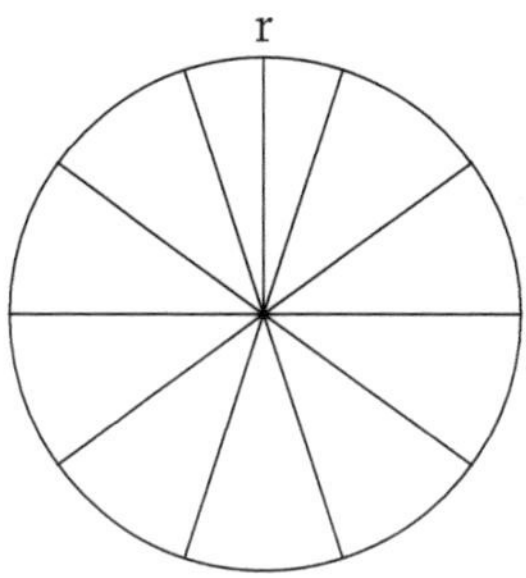

zu wellig für ein Rechteck ist, kann sich einfach vorstellen, die Kuchenstücke seien für unendliche Geburtstagsgäste auch unendlich klein geschnitten, bis sie gerade ist.) Die Länge unseres Rechtecks l entspricht der Hälfte des Umfangs, weil ja genau die Hälfte der Kuchenstücke oben, und die Hälfte unten gelandet ist. Dass der Flächeninhalt eines Rechtecks mit Länge (l) mal Breite (r) gerechnet wird, ist bekannt. Wenn man für l aber $\frac{U}{2}$ (die Hälfte des Umfangs) einsetzt, ergibt sich: $\frac{U}{2} \times r =$ Größe des Kuchens. Ebenfalls bekannt ist, dass der Umfang des Kreises $2\pi r$ ist. Man ersetzt erneut und erhält $\frac{2\pi r}{2} \times r$. Nach Kürzung der beiden Zweien bleibt Größe des Kuchens = $r^2\pi$.

Die Fiktion bestand in diesem Beispiel darin, ein Rechteck aus gerundeten Kreissegmenten zu bilden, das in der Realität niemals eckig sein *kann*. Ein Rechteck ist es allein der Idee nach, denn man kann einen Kreis nicht in unendlich schmale Stücke schneiden. Und dennoch war dieses Als-ob notwendig, um zum eigentlich gültigen Satz zu kommen.

Mathematische Modelle sind beinahe allen Wissenschaften eingeschrieben, so zum Beispiel jeder Statistik, den Sozialwissenschaften oder den Programmiersprachen. Auch unsere anderen beiden Beispiele sind keine Ausnahmen. Im Reiz-Reaktions-Modell aus dem Behaviorismus würde man dieses Schema so verwenden, dass ein fiktiver Satz (eine Hypothese) mittels Erklärungen dafür (Hilfskonstruktionen) statistisch ausgewertet wird. Die Setzung der Hypothese verschleiert, dass es sich dabei eigentlich um Fiktion handelt.

Dies ist keine neue Erkenntnis, aber es ist wichtig, es separat zu betonen: Erkenntnis erfordert Fiktion, und ich bin überzeugt, dass dies für alle Erkenntnis gilt. Denn würde man auch eine endlose Liste mit beobachteten empirischen Fällen machen, würde man doch in einer endlosen Induktionsschleife stecken bleiben, die den Sprung zu einer Allgemeinheit nicht erlaubt. Man würde staunend in einer Welt der sinnlosen Zufälligkeit leben.

Bei den Klimamodellen kommt die Fiktion etwas anders ins Spiel. Wenn der Earth Simulator 4 mit 200 GB pro Sekunde die aktuell gemessenen meteorologischen Daten in seine ungeheuren Kalkulationen einwebt, soll er eine Projektion der Zukunft entwerfen. Daten, die dabei helfen sollen, das menschliche Verhalten in Bezug auf den CO_2-Ausstoß vorauszusagen, werden eingespeist. Was würde etwa passieren, wenn von nun an alle mit dem Fahrrad führen? Das wäre eine Fiktion, und die daraufhin ausgegebenen Daten sind ebenso imaginär.

Eine noch offene Frage ist, ob es sich bei der Verwendung des Imaginären nicht einfach um eine allgemein menschliche Kulturtechnik handelt, die sowohl von der Wissenschaft als auch in der Literatur eingesetzt wird. Nun – das allein wäre doch eine für unser Alltagsverständnis nicht triviale Einsicht. Wenn Literatur sich zum Teil derselben Methoden bediente wie die Naturwissenschaft, wäre der Erkenntnisanspruch des Schreibens ein grundlegend anderer. Fiktionale Texte wären dann ein epistemologisches Werkzeug.

Zusätzlich aber ist hier eine klare Richtung zu beobachten: Es sind genuin literarische Techniken, die von der Wissenschaft verwendet werden, und nicht etwa umgekehrt.

Noch immer ist das Wunder, mit dem ich eröffnet habe, unberührt geblieben – der Mechanismus nämlich, nach dem Zeichen auf Papier die Naturgesetze qua Fiktion vertreten können. Genau darum soll es im Folgenden gehen.

***

Die Punkte, die bis hierher besprochen wurden, haben sehr konkrete Folgen für die Schreibpraxis. Texte sind demnach Versuchsanordnungen, und man kann – sowohl als Leser*in wie auch als Autor*in – den Anspruch an sie stellen, sie als Erkenntniswerkzeuge zu verwenden. Diese Gleichzeitigkeit – gemeinsam mit den Rezipient*innen zu forschen – ist das Ideal.

Man kreiert also ein Modell für etwas, das man selbst noch nicht versteht und das wiederum als Werkzeug für andere Phänomene herangezogen werden kann. Besonders inspiriert hat mich in dieser Hinsicht Erno Rubik, der mit der Erfindung seines Würfels ein Puzzle erschuf, das er zunächst selbst nicht lösen konnte. Zitate von Rubik aus einem Interview mit *Popular Mechanics* verdeutlichen dies: »The Cube is, at the same time, a symbol of simplicity and complexity«,[14] sagt er etwa und meint: Zu begreifen, wie dieser Würfel gemacht ist und was er »tut«, ist eine äußerst einfache Angelegenheit. Man versteht seine Komponenten, lange bevor man ihn lösen kann. Auf einen Roman bezogen hieße das, dass die einzelnen Aspekte des Textes nicht unbedingt rätselhaft und unverständlich sein müssen, um in ihrer

Gesamtheit ein Rätsel zu bilden. Sie müssen sich nur auf eine Weise ineinander verzahnen, die es erlaubt, verschiedene Möglichkeiten durchzuspielen. Komplexität vor Kompliziertheit, könnte dieses Credo lauten. Rubik sagt weiter: »In my teaching, I enjoyed creating models to clearly communicate my thoughts.«[15] Nur ein Modell kann leisten, was Rubik beabsichtigte, nämlich seinen Architekturstudent*innen ein Instrument an die Hand zu geben, mit dem sie ihr räumliches Denkvermögen trainieren konnten. Hätte er ein Rätsel ausgehend von einer vorherbestimmten Lösung ersonnen statt ein komplexes Prinzip unendlicher Lösungswege, so hätte er ihnen nur die Möglichkeit geboten, *einen Gedanken* zu trainieren, nicht aber das Denkvermögen selbst. Diese Unterscheidung ist in der Literatur nicht weniger virulent. »Einen Gedanken ausdrücken« wolle ein Text, heißt es oft, und manche Texte wollen das tatsächlich. Oft tun sie das ganz meisterlich, und für mich als Leserin ist auch das eine freudvolle Erfahrung, wenn es gut gemacht ist. Als Autorin aber interessiert mich das nicht. Ich kenne meine Gedanken ja schon, und sie für andere noch einmal jahrelang anzurichten, würde das dafür notwendige Malochen nicht rechtfertigen.

Auch die anfangs getroffene Unterscheidung zwischen Realismus und Realität kann man im Lichte der Modellkonzeption präziser fassen. Ein Modell zeichnet sich, wie bereits festgestellt wurde, dadurch aus, dass es nicht dem gleicht, was es repräsentiert, sondern strategisch einzelne Aspekte hervorhebt, verdichtet und fiktional vorgreift.[16] Ein Roman, in dem gesprochen und gehandelt wird wie in der echten Welt und in dem alltägliche Ereignisse verhandelt werden, ist eine Modell-Gorch-Fock; im besten Falle schön, aber zur Erkenntnis ungeeignet. Die Idee, dass Figuren so sprechen sollten, wie Menschen das in Wirklichkeit tun (»authentisch«), ist nicht nur anachronistisch – insofern, als dass sie auf einem Realismusbegriff basieren, der schon im 19. Jahrhundert etwas angestaubt gewirkt hätte –, sondern auch etwa so sinnvoll, wie ein Mobile des Sonnensystems zu kritisieren, weil die Spielzeugsonne nicht 6.000 Grad Celsius hat.

Martínez und Scheffel bezeichnen literarische Texte wahlweise als real-inauthentisch oder imaginär-authentisch,[17] Bezeichnungen, die den notwendigen Mischcharakter der Fiktion sowie des Modells gut fassen. Vielleicht verhalten sich Realität und Realismus indirekt proportional zueinander. Würde man nicht etwa Kafkas hochgradig phantastische *Verwandlung* als »echtere« Beschreibung einer menschlichen Erfahrung bezeichnen als einen Text des französischen Realismus, der die soziale Lage eines Fabrikarbeiters quasi realitätsgetreu abbildet – und das, obwohl Letzterer dem eigenen Leben in viel mehr Aspekten gleicht? Realismus strebt nach dem Partikularen und muss möglichst viele Details abgleichen, um einen Vorgang nachzuahmen – Realität dagegen ist ein kataboler Prozess, in dem das Wegfallen von Limitationen die Universalität einer Erfahrung hervorhebt.

Einen weiteren Punkt zum Modellgedanken werde ich nur anreißen, weil er im dritten Kapitel zur Metaphorologie ausführlich beschrieben wird. Im Zentrum fast all meiner Texte steht etwas, das ich als »Supermetapher« bezeichne. Im *Flüssigen Land* ist dies das Loch, das die Gemeinde zu verschlingen droht; in *DAVE* das riesige Gebäude, in dem die Handlung stattfindet; in den *Inkommensurablen* die Masse, die ihre letzte Nacht vor dem Ersten Weltkrieg im Taumel erlebt. All diese Metaphern stehen für ein Zentralmotiv des Textes (das Loch für das Verdrängte, das Gebäude für Erinnerung und Bewusstsein, die Masse für die Affekte des Einzelnen). Das ist aber nicht das einzig Wesentliche an ihnen. Vielmehr verhalten sie sich auch wie die beschriebenen Dinge. Das Loch ist nämlich genauso ein wirkliches Loch wie es das Übertragene darstellt, auf das es referiert; das Gebäude in *DAVE* tritt hauptsächlich als wirkliches Gebäude auf, in dem die Figuren wohnen, steht aber in der Gesamtanlage für einen Erinnerungsraum. Im Grunde haben alle Metaphern, die mich nachhaltig interessieren, diese Form; mit dem einen Bein in der Übertragung, mit dem anderen außerhalb.

***

Ontologischer Status ist ein Terminus, der klären will, in welcher Weise etwas »ist«. Je nachdem, in welchem philosophischen Referenzsystem man sich bewegt, wird man andere Antworten darauf erhalten. Allen ist gemeinsam, dass gewisse Objekte sehr einfach zu beurteilen sind, andere hingegen sehr schwer. Der Wiener Stephansdom oder meine Nase zum Beispiel gehören zu den einfach zu beurteilenden Objekten, weil sie im eigentlichen Sinne existieren. Über die Weise hingegen, in der abstrakte Objekte in der Welt sind, streiten Philosoph*innen seit Jahrhunderten. Besonders während des Universalienstreits in Mittelalter und früher Neuzeit war die Frage, ob Allgemeinheiten wie etwa »Rundheit« oder die Gattung »Säugetier« tatsächlich existieren, heiß diskutiert. Egal, wie die Antwort ausfällt, bleibt festzuhalten, dass es äußerst komplex ist zu beurteilen, *auf welche Weise* diese Dinge existieren.

Ein mindestens genauso harter Fall ist historisch gesehen die Fiktion. Die Frage, was es etwa heißt, für »wahr« zu befinden, dass Sherlock Holmes in der Downing Street wohnt – wenn es doch im eigentlichen Sinne gar keinen Sherlock Holmes gibt –, ist keine leichte. Fragen wie diese haben einen philosophischen Diskurs angeregt; Charles Crittenden etwa hinterfragt die reale Wirksamkeit des Nonexistenten,[18] während Gregory Curri in der Fiktion eine spezielle Form eines illokutionären Aktes vermutet.[19] Was bisher in meinem Vortrag weitgehend unerwähnt blieb, ist die literaturwissenschaftliche Perspektive. Ähnlich wie in den meisten philosophischen Herangehensweisen scheint mir ein Problem konstant zu bleiben, und zwar, dass ein Problem mit der sogenannten *Denotation* besteht.

Denotation ist das, was Frege* »Bedeutung« nennt, und bezeichnet ein Verhältnis, in dem ein Ausdruck oder Zeichen zu einem sogenannten »Ding« steht. Wenn ich etwa sage, dass das Objekt vor mir ein Tisch ist, dann denotiert das Wort »Tisch« eben jenen Tisch. Allerdings denotieren sehr viele Dinge, die wir sagen, nichts und »heißen« doch etwas. In Bertrand Russells berühmtem Essay »On Denoting«[20] wird dies problematisiert: Was bedeutet die Aussage, der König von Frankreich sei glatzköpfig, wenn es keinen König von Frankreich gibt? Den König von Frankreich in unseren Gesprächen auszusparen, hilft als Lösung nur bedingt, denn vieles von dem, was wir sagen, referiert auf etwas, ohne zu denotieren.

Das Festhalten an der Denotation ist ein klassischer Stolperstein in literaturwissenschaftlichen Fiktionalitätstheorien. Seit der Antike wird der Wahrheitscharakter von Dichtung dadurch charakterisiert, dass sie nicht denotativ verweist – dass das Beschriebene nie »da« war.

---

* So ist statt Sinn und Bedeutung das Gegensatzpaar *sense* und *denotation* üblich.

Als besonders prägend scheint sich hier in der Neuzeit John Searles Idee zu erweisen, dass literarische Fiktion lediglich eine bestimmte Art des illokutionären Sprechens sei, die das Generieren von Wahrheit in vielerlei Hinsicht verfehle oder missachte.[21] Dieser Ansicht zufolge ist das fiktionale Sprechen durch einen Mangel an etwas (Wahrheit und Referenz) bestimmt, und viele Literaturwissenschaftler*innen folgen dieser Idee bis heute. Frank Zipfel etwa, der Fiktionalität in eine Opposition zur Wirklichkeit stellt, nimmt einen veränderten Denotationsbezug an, indem der Verweis auf ein vorgestelltes Objekt im Kopf der Leser*innen erfolgt.[22]

In einem neueren Entwurf von Albrecht Koschorke aus dem Jahr 2012 ist von einer »geschwächten Referenzbildung«[23] zu lesen – einer Denotation quasi, die nicht so wirklich denotiert. Diese in der Tradition Searles stehenden Konzeptionen halte ich für enttäuschend, weil sie den Aristotelischen Lügenvorwurf in anderem Gewand fortsetzen. Die Frage, die hinsichtlich des Verständnisses von Semantik hingegen viel zu selten gestellt wird, ist, ob es neben der Denotation nicht auch andere Formen der Referenz gibt. Zum Glück hält die Philosophiegeschichte hier einiges bereit.

Exemplifikation ist ein Terminus, der von Nelson Goodman in *Sprachen der Kunst* popularisiert wurde.[24] Goodman charakterisiert die Exemplifikation – quasi als umgekehrten Vorgang zur Denotation – als Besitz plus Bezugnahme.[25] Er bringt als Beispiel einen Katalog aus Stoffmustern an, der gewisse Eigenschaften des zu verkaufenden Stoffes exemplifiziert (die Beschaffenheit und Farbe), andere aber nicht (die Größe oder die Eigenschaft, eine Probe zu sein, zum Beispiel).[26] Das kleine Stoffquadrat ist kein Zeichen, sondern ein Stück dessen, worauf es referiert. Exemplifikation, meint Goodman, sei ein sehr häufiger Modus der Referenz, dessen Alltäglichkeit aber im krassen Gegensatz zur Seltenheit steht, mit der er in philosophischen Abhandlungen thematisiert werde. Diesen Eindruck teile ich, zusätzlich zu dem, dass eine gewisse Banalisierung eines eigentlich sehr komplexen Konzepts damit verbunden ist. So liest man im englischen Wikipedia-Artikel für *exemplification* als Beispiel: »Children like packaged breakfast foods, such as Wheaties, Cheerios, and Rice Krispies.«[27] Von Besitz der dargestellten Eigenschaft kann hier keine Rede sein, denn diese Liste lässt sich nicht verspeisen. Eine wirkliche Exemplifikation stellt einen Bezug neu her, statt auf schon Vorhandenes zu verweisen.

Demnach stechen zwei Eigenschaften an der Exemplifikation hervor: a) Instanziierung, also ein gleichzeitiger Besitz einer Eigenschaft und die Bezugnahme auf etwas, das diese Eigenschaft auch besitzt, b) einige Eigenschaften unter vielen koextensiven Eigenschaften werden repräsentiert, viele aber auch nicht.[28]

Die Exemplifikation ist wesentlich besser dazu geeignet, literarische Fiktion sowie Modellbildung zu erklären, als unsere herkömmliche Vorstellung von »Bedeutung«. Zu Beginn wurden einige Besonderheiten fiktionaler Rede beschrieben, darunter zunächst der Zusammenfall von Sinn und Bedeutung oder von Äußerung und Wahrheitswert. Nun lässt sich feststellen, dass es sich beim zur Veranschaulichung herangezogenen Beispiel »Es war 18 Uhr in London und es regnete« im Grunde um eine Exemplifikation handelt. Es wird auf nichts verwiesen, sondern der Regen um 18 Uhr wird *instantiiert*. Er wird – in diesem besonderen Sprachspiel – erzeugt, *und* er wird wahr. Das ist so selbsterklärend, dass es als Erkenntnis fast schon banal wirkt. Nicht ganz so banal ist, dass es hier trotzdem ein Mischverhältnis gibt. London verweist nämlich sehr wohl auf das wirkliche London, denn ein Satz kann gleichzeitig denotieren *und* exemplifizieren.

Ein unserer Lebensform immanentes Wissen darum, was an Sätzen wie diesen neu hervorbringt und was verweist, konzertiert die Rezeption eines literarischen Textes. Die Denotation, also das »Meinen« von etwas anderem, außerhalb der Sprache Liegendem, ist das Herzstück unseres herkömmlichen Verständnisses von Bedeutung. Es wird uns als so zentral beigebracht, dass man gar nicht in Erwägung zieht, es könnte auch eine andere Art geben, sich auf etwas zu beziehen.

Als zweite Besonderheit der Fiktion wurde der Wahrheitsanspruch in der Methode beschrieben – jenes Phänomen, dass wir aus Fiktivem etwas lernen können, das tatsächlich gilt. Nicht auf dieselbe Weise, wie man im Politikunterricht Fakten über das Europäische Parlament lernt, sondern anhand der Form des Textes, als tiefe, abstrakt vermittelte Wahrheit. In der hier entwickelten Terminologie wäre die Vermittlung von Fakten im Unterricht ein Aufnehmen der Denotation. Die Lehrerin sagt zum Beispiel, »Im Europäischen Parlament sitzen 705 Abgeordnete«, und nun könnte man nach Brüssel reisen und 705 Leute darin finden. Dies ist in der literarischen Fiktion nicht möglich; Sherlock Holmes in der Baker Street ist, wie wir uns erinnern, nichts, auf das wir »wirklich« Bezug nehmen können. Ich brachte oben die These vor, dass es eine Methode ist, die hier den Wahrheitsanspruch stützt – eine Weise, Dinge zu präsentieren und einen allgemeinen Anspruch aus diesen zu generieren. Eine Methode denotiert nicht – man kann nicht sagen, dass die Jelinek'schen Kalauer die FPÖ »bedeuten« oder dass die Schwitters-Montage für die Erzeugnisse der Firma Opel steht. Vielmehr stellen die Jelineksprüche den Duktus der FPÖ aus, sie persiflieren eine gewisse Weise, Sprache hervorzubringen. Die Anwendung einer Methode stellt Exemplifikationen her; Beispiele, die die Gültigkeit der Methode veranschaulichen. Ein Roman kann anhand einer partikulären Handlung die Sinnhaftigkeit einer abstrakten Aussage belegen – er behauptet qua Exempel etwas über das Exempel Hinausgehendes. Und nicht zuletzt liefert er, so wie das Teppich-Stoffmuster, seine Verwendungsweise mit, eingebettet in und gepolstert durch die Lebensform, wie Wittgenstein die Gesamtheit unserer Sprach- und Handlungsformen als Referenzsystem nennt.

Im folgenden Abschnitt werde ich noch einmal zum ersten großen Themenbereich, der Modellbildung, zurückkehren, um nun den Grund dafür plausibel zu machen, warum *nur* die Exemplifikation jene tiefen, abstrakten Wahrheiten ausdrücken kann, die die Fiktion behandelt.

4.

Es gibt ein Rätsel, das ich schon in zwei oder drei verschiedenen Texten und unter anderem in meiner ersten Poetik *Entdecker* thematisiert habe. Es wird im Deutschen häufig als »Araberrätsel«* bezeichnet und lautet folgendermaßen:

---

* Ein heute zu Recht aus der Zeit gefallener Begriff.

Ein sterbender Araber vermacht seinen drei Söhnen 17 Kamele, wobei der erste die Hälfte, der zweite ein Drittel und der dritte ein Neuntel erhalten soll, ohne eines der Tiere zu töten. Einer der gewitzten Söhne borgt ein Kamel vom Nachbarn aus und erhöht deren Zahl somit auf 18. Danach werden dem ersten Bruder 9 Kamele, dem zweiten 6 und dem dritten 2 zugesprochen. Der Wille des Vaters wurde erfüllt, und das letzte Kamel kann wieder dem Nachbarn zurückgegeben werden.

Was ich an diesem hobbymathematischen und in seiner Lösung unpräzisen Puzzle interessant finde, ist, wie ein quasi erfundenes Kamel dazu beiträgt, eine anfänglich unlösbare Situation aufzuklären. Es ist die ganze Zeit über klar, dass dieses Tier nicht real ist und dass es sich wieder auflösen muss; und doch ist es geeignet, um eine Situation in der Realität zu entwirren. Hier wird die Weise, wie Fiktion in der Wirklichkeit wirksam wird, bildhaft erläutert. Das Zurückgeben des Kamels erinnert mich außerdem an eine Theorie, die mich als Jugendliche in meiner literarischen Entwicklung sehr beeindruckt hat. *Romantische Ironie* ist heute ein so schwammiges wie umstrittenes Konzept – aber ihre Idee passt erstaunlich gut in meine Ausführungen zur Modellbildung. »Die vollendete Ironie hört auf, Ironie zu sein, und wird ernsthaft«,[29] heißt es in den *Athenaeums-Fragmenten* über die Rolle des Imaginären, das eingesetzt wird, um den in dieser Epoche ersehnten Zugang zum Absoluten zu verwirklichen.

Schlegels Idee der Ironie ist von drei Momenten bestimmt: dem Setzen, dem Aus-sich-Heraustreten und dem In-sich-Zurückkehren, was er als »Reflexion eines Kunstwerkes durch sich selbst«[30] beschreibt. Die drei Stadien entsprechen in gewissem Sinne den Modi, die für die Modellbildung zentral sind. Setzen als das Erschaffen einer Versuchsanordnung im Kunstwerk, eines fiktiven, verdichteten Modells, und der Frage, die man an es stellen will. Aus-sich-Heraustreten als die Annahme des Imaginären und die Absicht, sie als real, normal, alltäglich zu betrachten. In diesem Schwebezustand, wie Schlegel ihn nennt, durchläuft beispielsweise der Kater Murr einen bürgerlichen Bildungsweg, und Isabella von Ägypten wird durch Tonerde dupliziert. Die Ereignisse sind fantastisch, aber nicht willkürlich. Bezeichnenderweise reagiert die realistisch gezeichnete Umgebung, als wäre alles, was da geschieht, vollkommen ordinär. Das Imaginäre wird an dieser Stelle behandelt, als wäre es bereits Teil der Wirklichkeit. Dann aber folgt das In-sich-Zurückkehren, das dem Überführen in den nicht-imaginären Zustand und dem Tilgen der Hilfskonstruktionen gleichkommt. Das Imaginäre löst sich auf, und alles, was zu ihm geführt hat, auch. Dieses Auflösen wird in der Literatur häufig mit der romantischen Ironie per se gleichgesetzt.

Weder in der Modellbildung noch in der Literatur wurde bisher erläutert, was Tilgen eigentlich heißt. Wie wird es bewerkstelligt? Und warum setzen sowohl Pappus als auch Schlegel diese Vernichtung von etwas als wesentliches Moment der Erkenntnis an, obwohl es doch ein destruktiver Vorgang ist?

Einfacher ist das für die formalen Beweise zu beantworten, und ich habe es bei der Erläuterung der Kreissegmente kurz angedeutet. Die Anweisung war die, dass man aufgrund der Informationen, über die man verfügt, Hilfskonstruktionen entwirft, bis man auf einen Satz stößt, der bereits bewiesen ist, zum Beispiel der Satz von Pythagoras. Nun, nachdem man weiß, dass man mithilfe des imaginären Punktes zum wahren Satz kommt, wird das Verfahren umgedreht. Man beginnt eine zweite Ableitung, indem man alle Hilfsannahmen verwirft und vom Satz von Pythagoras aus, der für das Theorem offenbar eine Rolle spielen muss, den angenommenen Punkt – diesmal ohne eine fiktive Hilfsannahme – neu beweist.

Auch in der romantischen Ironie gibt es diesen Wendepunkt, und er hat häufig – wie bei Schlegel – mit der Selbstreflexion des Textes zu tun. Wir begegnen dieser, wenn sich bei E. T. A. Hoffmann plötzlich die »Herausgeber« einschalten, um die Handlung zu kommentieren, oder bei Ludwig Tieck, wenn erwähnt wird, was erst 100 Seiten später geschieht. Die vierte Wand fällt sozusagen in der Prosa. Es gibt Cameo-Auftritte und Enttarnungen unzuverlässiger Erzähler, doch so vielfältig die Formen sind, in denen der Schlegel'schen Parabase-Aufforderung[31] nachgekommen wird, so haben sie doch eines gemein. Sie stehen mit einem Fuß im Text und mit einem außerhalb von ihm.*

Ob und worin die romantische Ironie außer der Einziehung einer Reflexionsebene noch bestehen kann, darin bleiben die Theoretiker des 19. Jahrhunderts leider vage. Dabei sind die Möglichkeiten mannigfaltig. Unter anderem weist das, was ich zuvor als den Wahrheitsanspruch der Methode bezeichnete, eine geeignete Struktur auf. Indem von einem fiktionalen Gebilde (Setzung) aus eine abstrakte, aber in der echten Welt gültige Wahrheit anvisiert wird (Aus-sich-Heraustreten), kann diese über das Belegen einer allgemeinen Form – einer Exemplifikation – übertragen und in die wirkliche Welt mitgenommen werden (In-sich-Zurückkehren).

Heißt das, dass alle Literatur romantische Ironie beinhaltet, dass sie sozusagen der Modus der Fiktion per se

---

* Man darf diese metatextuelle Ebene nicht mit unserer postmodernen Variante verwechseln, wie beispielsweise Christian Quendler in seiner Arbeit *From Romantic Irony to Postmodernist Metafiction* darlegt. Denn die Romantik entwarf sie in Anbindung an ein Absolutes, die Postmoderne aber gerade in Abkehr davon.

ist? Natürlich nicht. Erstens ist das, was ich in Anlehnung an naturwissenschaftliche Modellbildung beschreibe, ein sehr spezifischer Begriff dieser Technik. Zweitens will sich auch nicht alle Literatur zu abstrakten Wahrheiten vorarbeiten oder das Imaginäre als Leiter in die Wirklichkeit benutzen. Es betrifft aber sehr wohl den Großteil jener Literatur, die ich als inspirierend betrachte.

***

Ich werde nun versuchen, alle eingeführten Elemente zu einem Ganzen zusammenzusetzen. Warum wählen sowohl die Literatur als auch die Naturwissenschaft den komplizierten Weg der Exemplifikation, des Imaginären, der Fiktion, statt ganz einfach direkt zu sagen, was gemeint ist? Wieso haben wir derartige Umwege zu gehen?

Die These ist kurz zusammengefasst die: Es gibt triviale Wahrheiten, und es gibt tiefe Wahrheiten. Diese tiefen Wahrheiten können per definitionem weder in der Wissenschaft noch in der Literatur als sie selbst auftreten und auch nicht »einfach so«, also literal, benannt werden. Wie wir sie erleben können, ist lediglich per Exemplifikation, als an der Oberfläche beispielhaft auftretende Strukturen.

Als eine tiefe Wahrheit bezeichne ich nicht etwa einen esoterischen Sinnspruch, sondern generelle Prinzipien, die hinter den kontingent auftretenden Einzelinstanzen stehen. Eine tiefe Wahrheit hat einen gewissen Grad an Generalisierung, und je tiefer sie ist, umso mehr davon. Wenn ich etwa mein Handy fallen lasse und es zu Boden stürzt, dann ist diese Tatsache zweifelsohne eine Wahrheit, aber eben ein Einzelfall. Die Generalisierung der Tatsache, dass jedoch alle Handys, und überhaupt alles, was Masse hat, zu Boden stürzt, wenn man es aus der Höhe fallen lässt, nennt man Gravitation, und sie ist eine generellere – in meiner Diktion eben »tiefere« – Wahrheit im Vergleich mit dem zu Boden fallenden einzelnen Handy. Eine noch tiefere Wahrheit wäre z. B. die bisher vergeblich gesuchte »Unifying Theory« oder »Theory of Everything«, die die Gravitation mit den anderen Grundkräften der Physik vereint.

Nun kann man die Gravitation nicht direkt sehen, sie tritt, könnte man sagen, nicht als sie selbst auf. Gravitation wird entweder, z. B. in der Allgemeinen Relativitätstheorie, durch Zeichen vertreten oder aber durch mein fallendes Handy *exemplifiziert*. Prinzipien, die so grundlegend sind, dass sie der sinnlichen Welt zugrunde liegen – tiefe Wahrheiten also –, können sich in ihr nicht als sie selbst manifestieren. Da sie unendlich viele Einzelinstanzen in sich fassen, können sie selbst nicht als Einzelinstanz greifbar werden. Sie können aber wohl in

Phänomenen durchscheinen, deren Prinzip sie sind – und nichts anderes ist Exemplifikation.

Literatur birgt die großartige Möglichkeit, durch die Beschreibung eines Einzelfalls (einer Handlung, eines Sinneseindrucks, eines Dialogs, eines Rhythmus etc. – die Möglichkeiten sind bekanntlich endlos) auf ein dahinterliegendes Prinzip, eine tiefe Wahrheit, zu verweisen. Letzteres kann im Übrigen die verschiedensten Formen annehmen: Geschichtsverläufe, die menschliche Psyche, zwischenmenschliche Dynamiken, aber auch Grundkräfte des Klanglichen oder grammatische* Strukturen, wie sie die Wiener Gruppe in ihrer konkreten Poesie herausarbeitet, können Felder für die Herausarbeitung tiefer Wahrheiten sein. Gemeinsam ist ihnen allen das: Der Gegenstand, auf den Dichtung dieser Art referiert, ist eine Relation ohne Relatum, eine reine Form quasi – und eine solche kann nicht einfach literal ausgesprochen, bezeichnet, denotiert werden.

Darin eröffnet sich aber ein scheinbares Paradox. Es wurde bereits festgestellt, dass die tiefe Wahrheit auf die Oberfläche angewiesen ist, da sie nicht selbst auftreten kann. Man muss aus einer tiefen, rein relationalen

---

* Grammatisch ist ein Gegenbegriff zu grammatikalisch, den Ludwig Wittgenstein in den PU § 90, § 251 und § 149 entwirft. *Grammatisches* hat mit dem Gebrauch zu tun, der richtigen Verwendung, die sich zeigen, aber nicht beschreiben lässt.

Ebene wieder auf eine höhere wechseln, um sich *Substanz* aus ihr zu borgen.

Als *hyle* (Materie) und *morphé* (Form) hat diese Unterscheidung Tradition, schon bei Aristoteles[32] und in seiner Nachfolge auch bei vielen Denkern des Mittelalters. Die Faustregel, die in abgeschwächter Weise selbst für Aristoteles' Gegner gilt, ist die, dass die Form sich nur realisieren kann, wenn sie sich der weniger wesenhaften Materie bedient. Sie ist also darauf angewiesen, dass man sie in einem »Material« verwirklicht. Wäre die Form beispielsweise ein Haus, könnte man es aus Holz, Stein, Ton oder Beton bauen – die Materie ist austauschbar, es wäre in jedem Fall ein Haus. Die Form kann trotz dieser zentralen Rolle dennoch erst auftreten, sobald ich mir eines der Materialien ausgesucht habe und es, sozusagen als ein Exempel dieser Form, gebaut habe. Dass etwas so Grundlegendes auf etwas so Beliebiges angewiesen ist und sich ein Abhängigkeitsverhältnis einstellt, ist höchst erstaunlich. Für Texte, die auf abstrakte Prinzipien und nicht auf einmalige Begebenheiten verweisen wollen, ist es essenziell, beispielsweise die Handlung als potenziell austauschbare Materie zu betrachten. Es gibt in hundert Dörfern hundert Ruths, und solange die Relation stimmt, die auf den verdichteten Kern zielt, ist die Oberflächenstruktur nicht allein entscheidend.*

---

* Ich habe diese Idee der »Schichtung« der Semantik in meiner

Ich werde jetzt wieder zu etwas linguistischeren Termini wechseln, denn nun erschließt sich hoffentlich, warum allein die Exemplifikation in Frage kommt, um darzustellen, was der eigentliche Inhalt der Dichtung ist.

Zusammenfassend können wir nicht denotieren, also direkt ansprechen, wenn der Inhalt eines Textes eine über den Einzelfall hinausgehende, tiefe Wahrheit ist. Schriftsteller*innen werden in Interviews zwar gerne gebeten, ihre Texte zusammenzufassen, und tun dies natürlich auch. Wäre das aber wirklich möglich, würde man sicherlich nicht 400 Seiten schreiben, um diesen Erkenntnissen näher zu kommen. Den Gehalt eines Romans in einem wissenschaftlichen Paper zu erklären, ist ebenso wenig möglich, da das, was darin erklärt werden soll, ursprünglicher ist als die Erklärung selbst.

Wie soll man etwa die Gravitation erklären, wenn sie zu den tiefsten Gesetzen gehört, die wir kennen? Um eine dermaßen reine Struktur zu beschreiben, benötigt man die Exemplifikation. Noch deutlicher wird dies beim Phänomen der Kausalität. Eine Erklärung, wie zum Beispiel des Modus Ponens*, ist an der Oberfläche

Masterarbeit ein wenig genauer ausgearbeitet. Vgl. Edelbauer, Raphaela: *Imagery und moderne Mnemotechnik. Analyse epiphänomenaler Bildlichkeit.* Wien: Universität Wien 2021.

* Eine sehr grundlegende logische Schlussfigur, die besagt: Wenn a dann b. Es gilt a. Also auch b.

unmöglich, weil sie bereits die Kausalität erfordert. Wohl aber kann man die Struktur exemplifizieren.

Will ich damit sagen, dass der Inhalt literarischer Werke so grundlegend ist wie die Gesetze der Logik selbst? Keinesfalls. Wie bereits erwähnt, gibt es verschiedene Grade an Tiefe, und wie sich z. B. Massendynamiken zwischen Menschen entwickeln, ist weniger elementar und leichter in Alltagssprache auszudrücken als der Satz vom ausgeschlossenen Dritten.* Es geht hier um eine Richtung der Bezugnahme.

Ich bin der Überzeugung, dass es das Wesen der literarischen Fiktion ist, auf etwas zu referieren, das über die eigentliche Schilderung hinausgeht, und dass der Mechanismus dieses Bestrebens die Exemplifikation ist. Literatur kann daher nicht durch einen nicht-literarischen Text ersetzt werden – egal, wie sorgfältig ihr Inhalt erklärt wird, man würde ihren Gehalt nicht replizieren können, denn es handelt sich der Kategorie nach um etwas anderes als literales Sprechen. Und: Literatur ist nicht erfunden oder gar erlogen – sondern kann auf einer viel tieferen Ebene wahr sein als das, was uns täglich widerfährt.

---

* Ein Prinzip, das besagt, dass stets entweder eine Aussage oder ihr Gegenteil gilt.

Fiktionalität lässt sich also durch das, was wir normalerweise unter »Bedeutung« verstehen, nicht erklären. Wir benötigen Fiktion für alle möglichen Erkenntnisprozesse, darunter auch jene, die in der Naturwissenschaft wirksam werden. Fiktion wird, weil sie das Eingreifen des Imaginären in die Wirklichkeit impliziert, nicht nur in Modellen, sondern auch in deren Anwendung akut.

Ich plädiere dafür, Fiktion als epistemologisches Werkzeug ernst zu nehmen und vom Gedanken der »Erfindung« der Literatur im strengen Sinne abzusehen. Das Schreiben und Rezipieren von Literatur gehört zu den potentesten Methoden zur Wahrheitsfindung, die der Menschheit bekannt sind – eine, die in der Lage ist, mittels des Imaginären zu tiefen Wahrheiten vorzudringen und sie in die sinnliche, reale Welt zurückzuholen. Nichts ist weiter weg von Erfindung. Wir kennen eine Methode, die Partikularität der echten Welt zu transzendieren, um an etwas zu rühren, das noch wirklicher ist – eine reine Struktur – und sie dann doch qua Exemplifikation so körperlich zu gestalten, dass wir darüber lachen und weinen und in Raserei geraten können.

Und wenn das nix ist, dann weiß ich auch nicht.

PRAXIS

GRUNDLEGENDES ZUR PRAXIS

1. Autorin sein heißt nicht einfach zu schreiben, sondern eine Praxis zu entwickeln oder mehr noch eine *Praktizierende* zu sein. Wir unterhalten für vielerlei eine Praxis: Man kann 30 Minuten am Tag Klavier spielen oder zwei Mal pro Woche Französischunterricht nehmen, man kann jeden Morgen meditieren oder ein Löffelchen Olivenöl für sein Cholesterin einnehmen. Man integriert Praktiken in sein Leben; und das ist wichtig und gut – aber das heißt nicht notwendigerweise, dass man damit Praktizierende wird. Praktizierende zu sein bedeutet, dass man *sich selbst* in die Praxis integriert, nicht umgekehrt. Schreiben in diesem Sinne verstanden, heißt nicht allein, *in* der Sprache zu arbeiten, sondern vor allem *an* der Sprache. Diese beiden Dinge sind grundlegend verschiedene Modi, um die Kernkompetenz der*des Schreibenden zu verstehen.

Eine Praxis entwickelt sich gegenläufig zum heute so vieldiskutierten *Reverse Engineering*. Dieses Konzept hat ein übergeordnetes Ziel und gliedert sich in die notwendigen Schritte, um es zu erreichen. Die Praxis aber entwickelt sich von der Tätigkeit her. Sie ist Grundlage für die Entwicklung von Prozessen und mutigen Entschlüssen; und diese entstehen eingedenk der Tatsache, dass wir Ergebnisse nie ganz in der Hand haben und stattdessen *richtige Entscheidungen* das sind, was zählt.

Eine Praxis kann nicht auf dem Reißbrett entworfen oder als Neujahrsvorsatz beschlossen werden. Sie benötigt jahrelange, regelmäßige Kultivierung.

Man kann das Ergebnis nicht ohne den Prozess begreifen. Heute sehnen sich Menschen mehr denn je nach kondensierten, konsumierbaren Wahrheitszuckerln, die sie beim Geschirrspülen als Podcast durchlutschen können – 15-Minuten-Zusammenfassungen von Selbsthilfebüchern und TED-Talks, aus denen man die Weisheiten anderer Leute heraussaugt, die an einer selbst statt leben. Aber da stockt etwas, da klebt's. Wahrheit muss sich in Methode entfalten, muss langsam verdaut und selbst heruntergebrochen werden, sonst wird sie zwar geschluckt, aber nicht aufgenommen.

2. Unermüdliches Studieren aller Aspekte der Sprache ist nötig – Melodie und Rhythmus, Funktionen und

Techniken, vor allem semantische Strukturen und das Auftauchen ungeahnter Bedeutungen. Man hat kundig zu werden in Fachsprachen, Archaismen und Figuren – in der Grammatik und ihren Tausenden Phänomenen, der Schrift, im Agglutinieren unserer Partikel und Gedanken und der ganzen babylonischen Vielfalt. Spontane Intensität, Magie des Entdeckens und expansive Liebe, die sich über mehr Leben erstreckt, als man zur Verfügung hat – das ist Praxis.

Wer die Praxis ernst nimmt, muss sich unablässig in Studienfelder verstricken, um seine Trittsicherheit an immer neuen Graten zu erproben. Beispiele für solche Studienfelder: der Cockney-Rhyming-Slang und andere Kryptolekte, die Kausalität im russischen Märchen, Plansprachen, die Grammatik von Bantu-Sprachen, ergodische Literatur und Cybertexte, der vierfache Schriftsinn in der Bibelexegese, Koans im Zen-Buddhismus, Kalauer und Übertreibungen, berühmte Paradoxa, die Fugen-Permutation in der Musik, starke und schwache Beugung oder – wie in Abschnitt 3 ausgeführt wird – Gamedesign-Strategien, um Probleme in literarischen Texten zu lösen.

In homerischer Zeit war *téchne* das Können des Handwerkers, das konkrete Arbeiten mit Zwingen, Hobeln, Winkelmessern. Wenige Jahrhunderte später veränderte sich die Bedeutung des Begriffs stärker zu einer analytischen Kapazität des Geistes hin, die auf ein *telos* (Ziel) gerichtet Erkenntnis produziert. Aber da ist ja gar kein Widerspruch zwischen diesen beiden.

Drei Eigenschaften müssen sich in der Praxis entwickeln; sie bestimmen die Qualitäten eines Textes: Handwerk, Kraft und Innovation. Handwerk ist selbsterklärend – es schöpft sich aus dem aufmerksamen Studium dessen, was vor einem da war. Innovation heißt, als Reaktion auf die Konfrontation mit der Gegenwart *eigene Werkzeuge zu entwickeln*. Kraft aber kann man nicht erlernen: Sie ist die unmittelbare Potenz des sprachlichen Ausdrucks – die rätselhafte Möglichkeit zu bezeichnen und die Fähigkeit, auf einen Witz hin Lachen zu evozieren. Sie wird sichtbar, wenn uns Worte unmittelbar erregen, und ist doch immer präsent, weil kein Löschblatt zwischen die Sprache und uns passt.

Non coerceri maximo, contineri minimo, divinum est: Durch das Größte nicht eingeschränkt, durch das Kleinste umschlossen zu werden ist göttlich. Dieses Epitaph am Grab des Ignatius von Loyola stellt Hölderlin seinem Hyperion voran.[33] Es unterstreicht einen der zentralen Aspekte der Praxis – einen unermüdlichen Glauben daran, dass das Aufschließen von Strukturen im Kleinen auch die großen Rätsel öffnen kann; dass es auf der anderen Seite aber einer übergeordneten Struktur bedarf, damit das Einzelne, das einem in der Welt begegnet, überhaupt in einen Sinnzusammenhang gestellt wird.

Kleine wie große Strukturen sind dennoch im Schreiben irreduzibel; und der Analyseprozess vom einen zum anderen findet irgendwann ein Ende. Susan Lowell de Solorzano: »Take table salt, no matter how hard you look, you will not find the yellow-green of the chlorine or the silver of the sodium; if you reduce the salt any further, back to the component elements, you will lose all of the qualities of the salt.«[34] Die Praktikerin darf nicht verleitet werden zu glauben, dass lauter unzusammenhängende Mikroskopierungen dasselbe seien wie Präzision. Analytische Gedanken geben uns aber auch keine Erklärungen für die unmittelbare Sinnesqualität, die uns im Alltag begegnet.

Das heißt leider auch: Eine Poetikvorlesung stößt notwendigerweise irgendwo an eine Grenze – und diese Grenze kann nur die Praxis überwinden.

3. Die Elemente der Praxis dürfen nicht wie die *hacks* eines Selbstoptimierers unverbunden nebeneinanderstehen, mit einem Wort, clevere Tricks sein, die auf einen kurzen Dopaminausstoß abzielen. Diese Manöver entbehren eines Klebstoffs, der sie in der Tiefe zusammenhält. Eine existenzielle Leere steigt aus ihnen auf, sobald man den kleinen Zaubertrick begreift, sobald man »sieht, wie sie gemacht wurden«. Der Sinn der Praxis ist es deswegen auch, eine Plattform zu erschaffen, auf der sich die Handlungen entfalten können – eine, die sie trägt, statt nur auf ein kurzlebiges Ergebnis aus zu sein.

Die Plattform ist nicht nur für einen selbst da. Auf ihrem Grund kann man sich mit anderen verständigen und gemeinsam Erkundungen anstellen. Der wirkliche Grund für die Praxis ist es, das Feuer für die Literatur zu erhalten und es an die nächste Generation weiterzugeben. Praxis heißt auch Kontinuität.

4. Praxis bedeutet oft Problemlösung. Man entdeckt immer neue Ebenen, in denen sich die Dinge spießen, und ist gezwungen – einer Seefahrerin gleich, die unermüdlich Modifikationen an ihrem Schiff vornehmen muss[35] – sich selbst und seine Methode zu ändern. Wie erzeuge ich Stimmung A, wie verweise ich auf Idee B, ohne dass man sie gleich identifizieren kann? Wie erkläre ich ein Konzept im Text, ohne es noch selbst zu verstehen? Wie kann ich in einem Dialog die Erzählstimme kompromittieren? Wie kann ich etwas so andeuten, dass der*die Leser*in es garantiert nur unbewusst wahrnimmt?

Jeder Morgen beginnt mit einer Aneinanderreihung unauflösbarer Widersprüche und entfaltet sich in der Verwendung von Apparaturen, die es noch gar nicht gibt.

Eines meiner Lieblingszitate stammt von Thomas

Edison und lautet: »When you have exhausted all possibilities, remember this – you haven't.« Die Möglichkeiten liegen, so Edison, nicht umher wie versteckte Bodenschätze – sondern sie werden durch eine bestimmte Art des Suchens erst erschaffen.

5. Die Sprache ist ein endloses, in sich gefaltetes, verwinkeltes Feld von Inventionen, in das Expeditionen möglich sind, die sich im Kleinen wie im Großen nie erschöpfen. In diesem Feld gilt es, weitere stets miteinander verbundene Felder abzustecken, die als Versuchsanordnungen dienen. Diese nenne ich zum Beispiel einen Roman. In meiner Idealvorstellung ist die vorherrschende Emotion, die einen beim Lesen ergreift, Neugier: Neugier auf offene Fragen und rätselhafte Formen und der an den*die Leser*in weitergegebene Drang zu entdecken und erforschen.

Wir denken das Lösen schwieriger Probleme, tiefgehender Freilegungen, komplizierter Analysen als identisch mit sogenannter »harter Arbeit«. Genauso wichtig aber können Leichtigkeit, Sanftheit und das Spielerische sein. Ohne dass der Praktiker Freude empfindet, kann das Ergebnis nichts Brillantes haben. Man muss aber wissen, dass Freude nicht mit *Spaß haben* zu verwechseln ist. Wie der kanadische Ruderer Jake Wetzel einmal sagte: »Rowing doesn't need to be fun to be fun.«

6. Die Praxis selbst hat weder Äußeres noch Inneres; eigentlich alles kann in sie Eingang finden. Wahrnehmungsschulung ist daher ebenso wichtig wie das Schreiben direkt zu üben. Kochen oder Programmieren lernen sind mögliche Schulungen, aber man kann es natürlich auch direkter angehen. Eine der vielversprechendsten Perspektivenverschiebungen, die ich Autor*innen empfehle, nenne ich die *Routinen des Vergessens.*

Im Feld jeder Praxis gibt es zwei grundlegende Richtungen: anabole und katabole Vorgänge. Anabole sind solche, die erschaffen, Stoffe auswählen und kombinieren, die Landschaft kartografieren und Dinge erfinden. Katabole hingegen sind Prozesse der Abtragung, des Verlernens, des Herunterreißens von Schichten. Routinen des Vergessens. Wir denken Erkenntnis und Schöpfung viel zu oft ausschließlich als anabol. Doch Begreifen kann sich auch durch das Entfernen einer Schicht vollziehen, die das Verborgene sichtbar macht.

Der Grund, warum ich die Routinen des Vergessens für so zentral halte, ist der, dass sie ein Beispiel für eine fundamentale Verschiebung des Referenzsystems sind. Man kann also – wenn man diese Techniken wahrnimmt und reproduziert oder sogar selbst erfindet – eine vollkommen neue Art der Problemlösung lernen.

ROUTINEN DES VERGESSENS

Form is the hammer of the blacksmith. It is fundamental to generate, yet inadequate in knowing how good of a craftsman his owner is. Showing off a tool to describe proficiency is senseless. The same goes with trying to create the best tool to achieve knowhow. (Marcello Palozzo[36])

1. Die Routinen des Vergessens sind Methoden, die oft damit arbeiten, dass etwas systematisch aus einem Sprechvorgang subtrahiert wird, das auf den ersten Blick elementar erscheint. Es handelt sich nicht notwendigerweise um neue Techniken, sondern zunächst einmal um einen Blick auf Techniken generell; eine Art, Vorgänge anders zu begreifen. Beispiele hierfür sind:

- Schneiden als das Vergessen, dass das Papier eigentlich eines ist,
- Zusammenleimen als Vergessen, dass die Holzstücke eigentlich zwei sind,
- Legieren als Aufgeben der Verschiedenheit der Metalle,
- Anmalen als Vergessen, dass die Wand eigentlich weiß ist,
- Darüberspringen als Vergessen, dass es sich um ein Hindernis handelt,

– Fliegen als Vergessen der Gravitation,
– elektrisches Licht als Vergessen der Dunkelheit.

Wichtig ist: Jede Technik kann als kataboler Modus gedacht werden, und manche Techniken erschließen sich sogar erst dann, wenn man sie auf diese Weise begreift.

Eine Übersicht über die von mir im Laufe der Zeit verwendeten und entwickelten Methoden bildet seit Jahren mein Arbeitsjournal ab. Jeden Morgen, bevor ich meinen Arbeitstag beginne, überlege ich mir möglichst präzise, was ich schreiben will, wie es wirken soll und welche Methoden ich einsetzen will, um es zu erreichen. Zum Beispiel Arbeitsjournal *Wovon alles sprach*: »3.4. 2023. Jetzt wirklich magischer Realismus – Atmosphäre von Unsicherheit getragen, was echt ist und was nicht. Ton vielleicht auch etwas ändern. Worte, die sich wie Einbrecher in Sätze drängen, die mit ihnen nichts zu tun haben. Die Protagonistin macht das Licht an und sieht lauter taxidermierte Tiere. So wie diese erstarrt die Sprache mitten in der Bewegung, etwa indem Nebensätze im Nichts enden, immer weniger Bewegung und Verben in den Äußerungen sind. Ca. eine Seite. Wichtige Passage für die Verbindung von Urzeit und Hauptstrang. Themen wie Konvergenz, Analogie, Homologie.« Ich führe seit 15 Jahren ein solches Arbeitsjournal, und es war für mich einer der wichtigsten Schritte meiner gesamten Entwicklung.

2. Vergessen als Grundmodus kann erstens heißen zu verlernen, was eine Sache eigentlich ist, wohin etwas eigentlich gehört. Dabei ist diese Art des Vergessens produktiv, nicht pathologisch: Wenn ich für einen Moment vergesse, dass ein Geländer zum Festhalten gedacht ist, so kann ich darauf balancieren. Das Verwerfen schafft sofort etwas Neues – aber das Verworfene schimmert noch hindurch: Etwas zu vergessen ist nicht dasselbe wie es nie gewusst zu haben.

Es ist ein täglicher Kampf im Schreiben, die verhornten, verknöcherten Sprachstrukturen, die einem von Kindesbeinen an als unveränderlich beigebracht wurden, Stück für Stück zu verlernen. Jahrelang wird in einen hineingehämmert, wie ein Gespräch funktioniert: didaktisch oder kooperativ zum Beispiel, mit Antworten und Bezügen auf den*die andere*n. Man kann aber etwa bei Schwab oder (freilich ganz anders) bei Kafka sehen, wie Figuren parallel zueinander ganze Monologe halten; sie verlernen oder ignorieren also, dass eine Antwort immer eine Antwort-auf-etwas sein muss. Man entwickelt ein Bewusstsein dafür, dass eine solche Figurenrede das Sprachverhalten von Menschen in der Realität um manches besser abbildet als der ganze J. L. Austin. Was, wenn in einem Dialog die Antworten so spät kommen, dass sich das Prinzip »Antwort« auflöst? Was, wenn zwei oder mehr Personen diskursiv zu einer verschmelzen? Was, wenn die Antworten vor den Fragen kommen oder wenn jemand sich so oft selbst widerspricht, dass er mit sich selbst zu streiten beginnt? Wenn einer den Rhythmus einer anderen annimmt, obwohl er ihr inhaltlich widerspricht? In jedem dieser Beispiele kommt die Form zustande, weil man etwas am Prinzip »Antwort« vergessen hat.

Ich liebe es, mit Präfixen und Präpositionen zu arbeiten, indem ich ignoriere, wie sie eigentlich verwendet werden. Man kann so eine Firma *zerfördern* oder jemanden *zerlieben* – ein schlecht formulierter Brief wird ein *Unschrieb*, und die Freude kann einer Bewegung *enthüpfen*. Der FC Eichkogel hat sich auf den zweiten Tabellenplatz der Liga Ost-Mitte *heraufreüssiert*. Man kann *unter* lautem Gebrüll *drunter* sein oder im Recht *innen drin*. Manche dieser Formulierungen sind besser, manche schlechter gelungen – Dinge wie diese müssen geübt werden. Der ursprüngliche Zusammenhang schimmert hier gerade noch so weit durch, dass offenbar wird, dass von Ursprünglichkeit in der Sprache gar keine Rede sein kann.

Arbeitsjournal *Das Flüssige Land*: »16.8.2017. Ruths Sätze müssen sich in langen, barocken Konstruktionen bewegen, damit sie beginnen können, sich selbst zu widersprechen. Die Sätze vergessen nach ein paar Worten, worauf sie hinauswollten. Das Vergessen der Geschichte als in der Sprache angelegt.«

Arbeitsjournal *DAVE*: »13.3.2019. Die Personen im

Labor sollen sich verhalten wie: a) Neuronen in einem Hirn b) Teile eines Programms.«

Die präferierte Methode, Ideen wie diese umzusetzen, ist der Einsatz meiner geliebten naturwissenschaftlichen Fachsprachen. Ich sammle etwa Verben aus neurologischen Fachlexika oder solchen über Informatik; dann trage ich die eigentlichen Vorgänge ab und transplantiere jene, die formähnlich sind. »Im Labor gab es senkrechte Durchbrüche, durch die Aufzüge gelegt waren, und waagrechte, die mit nervenbündeligen Kabelfasern verwoben waren« – oder: »Von durchstanzten Ösen aus nahm ein Stromimpuls seinen Weg und floss durch dicke Schaltstellenbündel in die Stockwerksversorger.« Die Leser*innen sollen vergessen, was sie sich ursprünglich unter einem Labor vorgestellt haben; ein neues Paradigma ersetzt es. Aber auch hier schimmert die erste Vorstellung noch durch. Etwas zu vergessen ist nicht dasselbe wie es nie gewusst zu haben.

In all meinen Texten etabliere ich eine Basislinie des Normalen – und zwar allein deshalb, damit sie durch das Magische zerstört werden kann. Das Übernatürliche kann sich nur entfalten, wenn es dem Natürlichen entgegengestellt wird. Wenn ich in einer Dalí-Welt starte, in der zerflossene Frauen über Bäumen hängend Geige spielen, oder in einer Fantasy-Welt, in der Kaninchen sprechen und Teppiche fliegen, wird es nahezu unmöglich, dass Ereignisse unheimlich scheinen oder durch jene leichte Verschobenheit irritieren, die wir an Kafka so lieben. Gewöhnliche Ereignisse – feste Regeln – unverrückbare Naturgesetze – Regelmäßigkeit – normale Sätze; auf dieser Basis werden subtilste Überschreitungen später monströs. Der einzige Sinn dieser Ebene ist es also, wieder getilgt zu werden.

3. Das Katabole als Grundmodus kann zweitens heißen, Teile wegzuschneiden, eine Fragmentierung vorzunehmen. Das Entfernte wirkt formgebend: Wie beim Schneiden einer Girlande erzeugen gerade die weggeworfenen Teile die erkennbare Form. Huch! Das sind ja Geister, die einander an den Händen halten.

Eine Welt in einer Romanhandlung zu beschreiben, heißt immer, eine winzige Auswahl an Szenen zu konstruieren, die Kontinuität simulieren. Drei kurze Auftritte einer Figur und ein geschickt geschriebener Dialog lassen ein ganzes Leben vor den Leser*innen erstehen. Als ich das erste Mal einen Roman schrieb, war ich fast entsetzt, wie wenig direkt gesagt werden muss, weil eine Art universelles narratives Vermögen die Lücken zukleistert. Beispielsweise wird in einer kurzen Passage höchst mittelbar vom (nicht einmal referenzierten) vergangenen Jahr gesprochen, und als würde man ein Prisma hochhalten, das für sich genommen durchsichtig ist, ersteht das gar nicht Vorhandene in buntesten Farben auf. Romanschreiben besteht paradoxerweise häufig darin, das Abwesende, das Weggeschnittene, handwerklich gut durchzuformen.

Arbeitsjournal *Das Flüssige Land*: »20.1.2018. Ruth scheitert am Erzählen dessen, was eigentlich unsagbar ist. Unsinnige Nebenaspekte übernehmen im Sprachfluss die Oberhand, sodass es die Leser*innen selbst zuerst nicht merken. Als würde man durch einen kaum wahrnehmbaren Navigationsfehler auf offener See Hunderte Kilometer abdriften. Im Laufe des Buches wird immer mehr in Euphemismen ausgedrückt, immer mehr indirekt geschildert, immer mehr durch Erzählungen aus dritter Hand, bis die Sprache im Buch selbst unfähig ist, präzise zu sein.« Das Ungesagte kann einen zentralen Auftritt haben. Auch im Alltag, wenn in einem Gespräch etwa das, was vermieden wird, zum Mittelpunkt des gesamten Eiertanzes wird. Menschen, die behaupten, dass vieles gar nicht sprachlich ausdrückbar sei, übersehen, dass gerade das Ausgelassene, das durch das Gesagte erst sichtbar wird, zentraler Bestandteil dessen ist, was vermittelt wird.

4. Vergessen als Grundmodus kann drittens heißen, das Individuelle fast chirurgisch aus dem Antlitz zu entfernen. Wenn das Besondere sich verflüchtigt hat, beginnt man, mehrere Personen in ein und demselben Gesicht zu erkennen. Hier generiert sich Bedeutung durch das Rückgängigmachen von etwas, als Amputation.

Beim Schreiben der *Inkommensurablen* war die problematischste Szene jenes Gespräch zwischen den vier Generälen, die hohe Beamte und Kommandanten darstellen sollten. Das Problem gestaltete sich so, dass sich die Militärs in ihrer selbstgerechten Nabelschau selbst enttarnen sollten und sich in ihrer immer lächerlicher werdenden Sprache die ganze Ignoranz der K.-u.-k.-Monarchie gegenüber ihrem drohenden Untergang zeigen würde. Das stellte mich aber vor ein Dilemma: Einem echten Menschen diese Art der Dummheit anzudichten, könnte potenziell unethisch sein – historische Figuren waren also ausgeschlossen. Erfundene Namen als Kriegsminister einzuführen, hätte die Historizität des Romans aber demoliert und kam auch nicht in Frage. Meine Lösung war es schlussendlich, dass Hans, der sich slawische Namen nicht merken kann, diese immer unterschiedlich erinnert – von Rakolic zu Reudicic zu Razewic – und somit jede Gewissheit über die Identität in Frage gestellt wird. Mehrere historische Figuren kommen in Frage, hier zu sprechen, und gleichzeitig keine. Oft ist die Lösung eben, etwas wegzunehmen, statt etwas hinzuzufügen.

Wenn ich Figuren oder Orte konzipiere, verschmelze ich meist so viel wie möglich an Rohmaterialien zu einem Ganzen. Groß-Einland im *Flüssigen Land* zum Beispiel ist eine Legierung aus einer Handvoll Gemeinden, die aus dem, was allen österreichischen Dörfern gemeinsam ist – dem Hauptplatz mit Kirche, dem Bahnhof oder dem obligaten kik-Einkaufspark –, zusammengenäht wurden. Alles, was besonders ist, wird abgetragen, das Individuelle verschwindet.

Arbeitsjournal *Die Inkommensurablen*: »13.1.2022: Den Rhythmus des Gesprächs als Argumentation konzipieren statt seines Inhalts. Was macht den Kern einer Widerrede, einer Begründung etc. syntaktisch aus, unabhängig davon, was gesagt wird?« Man kann Stück für Stück die Spezifika einer Szene subtrahieren. Das Überraschende ist, dass, nachdem man die ganze Welt aus der Sprache herausgekürzt hat, noch immer eine Menge übrigbleibt. Das ist die kondensierte Lehre aus dem Projekt der konkreten Poesie.

5. Warum aber sind es Routinen des Vergessens – und nicht Routinen des Auftürmens oder Neu-Konstruierens, die ich besonders kultiviere? Dafür gibt es zwei Gründe:

a) Je komplexer eine Fähigkeit ist, desto schwieriger ist es, sie exakt zu definieren und zu fassen. Das gilt für die eigene Arbeit ebenso wie bei Lehrtätigkeiten. Es ist oft wesentlich einfacher, all das zu beachten, was diese Fähigkeit *nicht* ist oder wie ein bestimmtes Ergebnis des Prozesses *nicht* aussehen soll. Gerade wenn der konstruktive Part einer Schreibtechnik aus vielen verschiedenen Teilen besteht, ist es der inverse Weg, der Klarheit schafft oder das Lernen erst ermöglicht.

b) Wie schon in den Passagen zur Generalisierung angedeutet, glaube ich, dass die Suche nach einer wie auch immer gearteten Wahrheit vor allem ein Prozess des Wegräumens, Abtragens, Hochhebens ist. Die gesellschaftlichen Kontexte, in denen wir uns bewegen, verbauen Hirn und Praxis allzu oft mit arbiträren Konnotationen, Normen und falschen Schlüssen – und so muss man eher Hindernisse beseitigen statt neue Gebilde auf die alten Schrottberge stellen.

Freilich – auch Regeln zu erfinden und zu schöpfen ist zentral für die Praxis, doch um zum Wesentlichen zu gelangen, müssen wir das Vergessen lernen.

LERNEN AUS ANDEREN BEREICHEN

Problem solving for coders:
– Understand the question, read it 2–3 times.
– Take an estimate of the required complexity.
– Find edge cases based on the constraints.
– Find a brute-force solution. Ensure it will pass.
– Optimize code, ensure, and repeat this step.[37]

1. Eines der wesentlichsten Merkmale einer gelungenen Praxis ist, dass sie nicht an den Grenzen des eigenen Feldes haltmacht, sondern sicherstellt, dass die Lösungswege und Forschungsmethoden anderer Felder miteinfließen können. Wie man in der Vergangenheit Ideen aus der Komposition entlehnte oder Techniken aus der bildenden Kunst anwendete, die sogar bis heute deren Namen tragen (Montage, Pastiche, Übermalung), darüber haben schon genügend andere geschrieben. Wie man Kniffe aus der Ingenieurswissenschaft oder aus dem Lockpicking übernehmen kann, darüber vielleicht weniger. Die tradierten Techniken zu kennen, ist elementar – genauso wichtig aber ist es, eigene Techniken zu entwickeln und wie die großen Entdecker der Vergangenheit Regionen aufzuspüren, die man sich eigenverantwortlich aneignen kann.

2. Ein Themengebiet, das in der zeitgenössischen Literatur, wenngleich meist nur hinsichtlich des Plots, immer häufiger auftaucht, sind Videospiele. Interessant ist für den Praktiker dabei nicht allein die Rezeption der Spiele selbst, sondern auch die Erarbeitung seitens der Produzenten – vulgo Gamedesign. Es bietet eine unerschöpfliche Ressource an Strategien, Denkweisen, Problemlösungsansätzen und Modellen, mit denen man an ein eigenes Werk herantreten kann.

Nintendos Shigeru Miyamoto: »*A good idea is something that does not solve just one single problem, but rather can solve multiple problems at once.*«

3. Das MDA-Modell wurde von Robin Hunicke, Marc LeBlanc und Robert Zubek 2004 in ihrem Paper »MDA: A Formal Approach to Game Design and Game Research«[38] vorgestellt; es war das Ergebnis eines Workshops bei der *Game Developers Conference.* Das Modell dient als Hilfestellung, um zu verstehen, was das Ziel eines (Spiel-)Projektes ist und welche Mechanismen am Gesamteindruck beteiligt sind, der letztlich bei dem*der Spieler*in ankommt. Beschrieben werden im Paper drei solcher Schichten:

1) Mechanik
2) Dynamik
3) Ästhetik

Die **Mechanik** besteht aus dem Code und der Engine, also den dem Spiel zugrundeliegenden (simulierten) physikalischen Gesetzen und Regeln. **Dynamik** beschreibt das daraus resultierende Spielerverhalten, das – durch die rekursive Natur eines Spiels – wieder zu Rückkopplungen und unerwarteten Effekten durch die Mechanik führt. Unter **Ästhetik** werden in diesem Modell die Affekte und Emotionen verstanden, die durch diese Dynamik bei dem*der Spieler*in erzeugt werden sollen. Alle drei Bereiche greifen ineinander, und jede Veränderung beeinflusst zwangsläufig die anderen Bereiche. Ein Beispiel: Wenn man bei einem Spiel wie »Resident Evil 0« nur 15 Schuss in der Pistole haben kann (Regel/Code), dann wird man bemüht sein, möglichst wenig zu schießen, und diese Vorsicht wird eine klamme Atmosphäre der Panik erzeugen. Ist diese Atmosphäre nicht beabsichtigt (was sie in diesem Fall aber sicherlich ist), dann muss eine Veränderung des ersten, nicht erst des dritten Systems vorgenommen werden. MDA lehrt einen also, dass die Gefühle eines Rezipienten manchmal tief in der Grundstruktur eines Werkes begründet liegen, nicht in dessen oberflächlicher Gestaltung. Jede Veränderung in der Tiefe kann aber zu neuen, unbeabsichtigten Interferenzen führen.

Natürlich ist dies nur ein vereinfachtes Modell – in einem wirklichen Spiel überlappen sich Hunderte, wenn nicht Tausende solcher Mechaniken. Die Stärke des MDA-Schemas ist es, dass es Designer*innen hilft, die Prioritäten ihrer Projekte festzulegen und Strategien gegen die Überwältigung zu entwickeln. Jede der Ebenen kann als Schwerpunkt einer künstlerischen Vision festgelegt werden, wobei dann die anderen beiden in ihren Dienst gestellt sind. Einige Beispiele für extreme Herangehensweisen können das klarer machen:

a) Nintendo entwickelt Spiele stets auf Basis einer **Mechanik**. So war die Basis der gesamten Supermario-

Franchise der physikalische Vorgang von Marios Sprüngen, die über Monate getestet wurden, ehe eine einzige Welt entworfen wurde. Die Frage lautete: Die Überwindung welcher Hindernisse würden durch diesen zuvor entwickelten Sprungvorgang Spaß machen und herausfordernd sein? Was für originelle Aha-Momente könnte man durch sie erzeugen?

Man kann aber auch von einer **Dynamik** – einer Art des Handelns, einer Immersion in eine Rolle – ausgehen. »What came first was a feeling we wanted to instill in the player; we wanted to recreate the feeling of commanding a starship«, meinte Justin Ma von Subset Games über sein Spiel »Faster Than Light«. Hier fragten sich die Entwickler: Welche physikalischen Gesetze oder Regeln machen den Eindruck, ein Raumschiff zu lenken, besonders realistisch? Wie können wir das Spiel gestalten, sodass sich der*die Spieler*in wirklich verhält wie ein Captain?

b) Wieder andere Spiele – wie etwa Jenova Chens »Flower«, in dem man den Wind spielt, um Blütenblätter durch die Luft zu wirbeln – wollen vorrangig eine bestimmte **Ästhetik**, ein Gefühl erzeugen. Im Falle von Jenova Chen bedeutet dies etwa, dass jede Mechanik im Zeichen der Gefühle von Ruhe und Frieden steht. Das Team beschloss, keinen Plot, keine Ziele, keine Gegner zu erschaffen. Sogar Spaß zu haben, was doch der zentrale Sinn von Spielen zu sein scheint, wird ge-

gebenenfalls geopfert: »A lot of the times we like to make things very fun, but fun doesn't always help the emotion you want to deliver.«[39]

Oft habe ich in meiner Unterrichtspraxis erlebt, dass Schreibende Schwierigkeiten haben zu verstehen, wo in ihren Romanmanuskripten die Probleme liegen, mit denen sie gerade kämpfen. Ein Text »wirkt nicht so, wie er soll«, man ist sich aber gleichzeitig auch nicht ganz sicher, wie der Ton eigentlich sein müsste und welche Maßnahmen man einsetzen könnte, um ihn zu verändern. In einer so verfahrenen Situation könnte man ein Schema wie das Folgende verwenden.

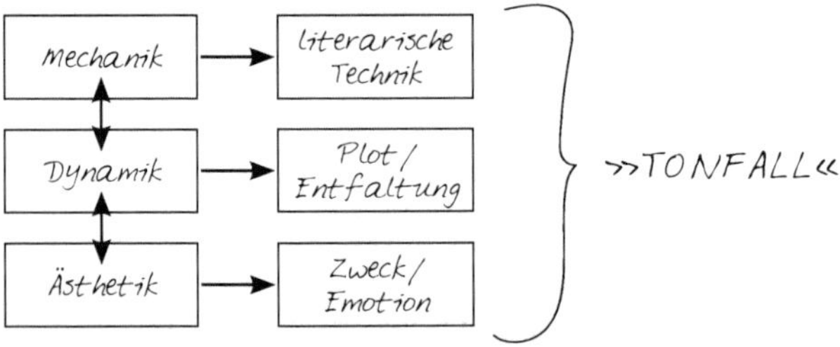

Ein solches kann einem dabei helfen, die aktuelle Priorität des eigenen Textes zu erkennen: Ist es ein bestimmtes Gefühl, zum Beispiel wenn in einem Liebes- oder Geisterroman die Dynamik der Geschichte eine bestimmte Emotion verstärken soll? Oder ist es eine Mechanik wie in der konkreten Poesie der Wiener Gruppe, in der beispielsweise Ellipsen oder die Form eines Glaubensbekenntnisses als oberster Maßstab angelegt werden? Natürlich kann man das Schreiben eines Romans nicht ausschließlich mechanistisch betrachten – aber gerade zu didaktischen Zwecken oder um am Schluss des Schreibprozesses noch einmal zu reflektieren sind solche Schemata wertvoll. Auch auf kleinere Strukturen wie Szenen oder Kapitel lassen sie sich gut anwenden, um einen dramaturgischen Bogen zu erzeugen.

In dieser Darstellung der ersten drei Kapitel von *DAVE* wird mein Ansatz vielleicht klarer: Die prägende Formidee des ersten Kapitels war eine ununterbrochene One-Shot-Kamerafahrt, die einen Sog erzeugt, obwohl die Leser*innen den Inhalt teilweise noch nicht verstehen. Dafür entwarf ich eine Katastrophenschilderung, die die Dringlichkeit der Perspektive sinnvoll und spannend machen sollte. Im zweiten Kapitel wollte ich den Informationsgehalt (Wer und was ist DAVE?) in den Mittelpunkt stellen, und ich wählte daher einen eher reizlosen Essay-Tonfall. In Kapitel drei war ich an einer bestimmten Atmosphäre interessiert, der Unheimlichkeit, auf die sich alle gewählten Mittel zuspitzen sollten. Zusammenfassend kann also festgehalten werden, dass ein dramaturgischer Bogen sich nicht nur innerhalb der Geschichte entfalten kann, also in dem, *was* passiert, sondern auch innerhalb der Form.

4.

> *For me, one of the most exciting moments of being a game designer is when I hear someone talking about playing one of my games, and they explain a successful tactic for a given situation that I had never considered. I see the games I develop as creating situations in which game players can utilize their own creativity to succeed.*[40]
> Richard Rouse

Man unterscheidet in Videospielen zwischen antizipatorischen und komplexen Systemen. Der Unterschied liegt in der Frage, ob der*die Designer*in nur einen Weg der Lösung von Aufgaben ermöglicht und somit exakt festgelegt ist, welche Handlungen vollzogen werden müssen, oder nicht. Ist die Antwort ja, spricht man von einem antizipatorischen System oder *hard-coded-puzzle.* Im Gegensatz dazu wissen in einem *komplexen System* auch die Entwickler*innen selbst nicht genau, wie viele und welche Lösungswege es gibt, und das, obwohl sie selbst den Code geschrieben haben, der sämtliche Eigenschaften des Spiels determiniert. Solche Möglichkeiten, die aus der Wechselwirkung vieler verschiedener Systeme in einem Spiel entstehen, nennt man *emergent.* Emergenz kann nur dann entstehen, wenn mehrere komplexe Systeme miteinander verschränkt sind. »The Legend of Zelda: Breath of the Wild« wurde etwa auf Basis physikalischer Regeln der echten Welt geschaffen – man besitzt aber zusätzlich die Möglichkeiten, die Zeit zurückzudrehen, den Impuls, der auf Gegenstände wirkt, zu beeinflussen oder Detonationen auszulösen. Spieler*innen haben durch die Kombination dieser verschiedenen Ebenen Dinge geschafft, die eigentlich nicht sein dürften, wenn es nach den Programmierer*innen geht.

Wie schon im Kapitel über Fiktionalität erwähnt, ist ein solches Szenario für mich das Ideal: Rätsel, die man selbst nicht lösen kann, Zusammenhänge, die man auch zum Schluss nicht bis ins Kleinste durchdringt. Aber es gibt natürlich einen zentralen Unterschied zwischen Videospielen und Texten: Leser*innen handeln in Büchern nicht auf dieselbe Weise wie Spieler*innen in Videospielen. Sind die Linearität und die Tatsache, dass die Rezipienten das Geschehen nicht auf dieselbe Weise mitgestalten können, nicht eindeutige Hinderungsgründe für solche Erwägungen?

Ich will hier ein wenig konkreter in Bezug darauf werden, wie die Hinwendung zur Komplexität in einem Text aussehen kann.

a) Ich betrachte es als günstig, von Fragen auszugehen, statt von einem vorher festgelegten Effekt. Wenn man den Stoff im Vorhinein reverse-engeneert, tritt oft eine recht homogene Botschaft hervor, auf die das ganze Buch zusteuert.

b) *It is the development of numerous robust and logical systems that leads to player-unique solutions to situations in the game.*[41] Was können solche robusten, logischen Systeme sein? Etwa die Art, wie man im 2. Jhd. die Welt verstand, dargestellt in einem historischen Roman, die Welt des Jahres 3000 in einem Science-Fiction-Text, Märchenlogik bei den Gebrüdern Grimm, metaphorische Systeme, Naturwissenschaften, Traumlogik oder die Welt der Talentshows. Soziale Nischen, die dreiwertige Logik oder Zukunftsräume, die jeweils mit ihren eigenen Regeln, Fachsprachen und Kausalitäten ausgestattet sind. Überlappen sich mehrere solcher Systeme, sorgen ihre Interferenzen für die wildesten Muster. Im *Flüssigen Land* etwa, wo die Logik des Antiheimatromans sich mit zeitgenössischer Physik überlappt, wurden Dinge sagbar, die in keinem der beiden Einzelsysteme möglich gewesen wären. Zusätzliche Regeln sorgen absurderweise in der Kunst dafür, dass mehr zulässig ist, nicht weniger.

c) Eines meiner Ideale ist es, Texte auf mehreren Ebenen zu entwerfen. Bei den *Inkommensurablen* konnte ich immer wieder zwischen zwei Betrachtungsweisen wechseln, einer buchstäblichen und einer übersinnlichen. Auch meine Leser*innen sollen diese Freiheit haben. Dies haben komplexe Systeme gemein – verschiedene Verständnisräume dürfen immer wieder verlassen und neue aufgesucht werden.

Eine Möglichkeit, solche Räume zu eröffnen, ist es, Situationen zu erzeugen, die auf der aktuellen Ebene keinen Sinn machen oder in ihr nicht verstanden werden können. Warum Hunderte Menschen dasselbe träumen und Klara sogar von einem dieser Träumer angegriffen wird, ist in der gegebenen Erzählebene nicht auflösbar und zwingt, die andere, die »übersinnliche« zu erkunden. Bei *DAVE* sind es sogar vier solcher Ebenen, die zu konstanten Veränderungen des Bezugsrahmens führen.

d) Statt dass Handlungen nur einer kausalen Wenn-Dann-Folge unterworfen sind, entsteht auf der Plotebene Mehrdimensionalität. Y entfaltet auf seiner eigenen Ebene 1 ebenso seine Effekte (z. B. waagrecht auf die Szene danach wie auch senkrecht auf das se-

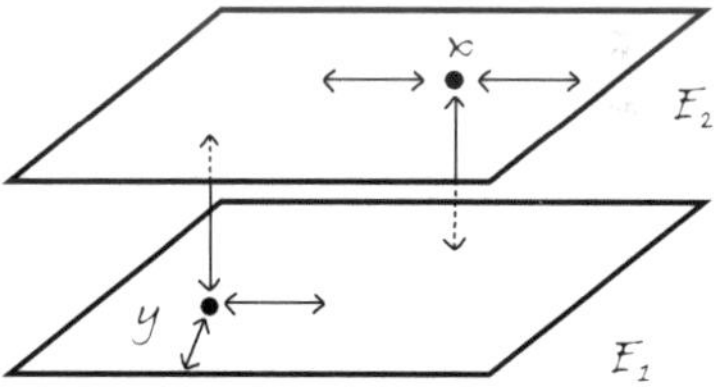

Ein und dasselbe Ereignis x kann innere Kohärenz auf seiner eigenen Ebene haben, jedoch auch Bedeutung in der anderen Ebene. So kann es mehrere Probleme zugleich lösen oder offene Fragen schaffen, während es auf einer anderen Ebene Fragen löst.

mantische Szenario als Ganzes), wie es eine Bedeutung in Ebene 2 entfaltet und dort wiederum waag- und senkrecht wirksam wird.

Ein Beispiel: Wenn Ruth in *Das Flüssige Land* etwas über die Natur der Zeit erzählt, etwa, dass es die Vergangenheit gar nicht realwirksam gibt, dann gibt dies wiederum Aufschluss über ihr Handeln in der »eigentlichen« Geschichte. Dort entfalten sich in der Folge »horizontale« Wirkungen, etwa bezüglich der Vergangenheit des Dorfes, und diese kann man erneut auf die Natur der Zeit beziehen. Ein und dieselbe Szene kann also gleichzeitig in verschiedenen Ebenen unterschiedlich wirksam werden.

5. Radikale Ideen aus der Spielgeschichte:

- Sid Meier, den bei der Programmierung von »Civilization« Probleme der Spielökonomie plagten, schnitt die Karte und den ganzen Spielverlauf schlichtweg in zwei Hälften – er behielt die eine und warf die andere weg.
- »English Country Tune« ist ein Puzzlespiel, in dem der*die Spieler*in dazu aufgefordert wird, selbst ein Puzzle zu kreieren, das er*sie lösen kann.
- Fumito Ueda, bekannt durch »Shadow of the Colossus«, folgt einer Philosophie namens *design through subtraction*, die davon lebt, erst das wesentliche Element eines Spiels ausfindig zu machen und dann alle unnötigen Mechaniken davon abzuziehen.

- Jonathan Blow stellt in »The Witness« nichts anderes als geometrische Puzzles in den Mittelpunkt des Spiels. Sie sind in keine größere Narration eingebunden, wichtig ist nur die reine Form.

6. Die Belohnung für ein gelöstes Puzzle sind stets weitere Puzzles.

SYSTEMATISIERUNG

1. Der*Die Praktiker*in versucht, seine*ihre Strategien stets zu einem Ganzen, einer Methode, zusammenzusetzen. Er*Sie muss aber jedes Mal daran scheitern, weil die Praxis die Theorie immer um ein winziges bisschen überragt, wie in Mark Z. Danielewskis *House of Leaves*, in dem ein Gebäude beschrieben wird, das von innen gemessen um einige Zentimeter größer ist als von außen.

2. Unter einer *spezifischen Methode* verstehe ich eine Form der Spezifikation, Kategorisierung und Visualisierung, die speziell für einen Text geschaffen wurde. Sie entsteht aus der Verknüpfung einer *generellen Methode* (siehe unten) und Strategien, die an das jeweilige Projekt angepasst sind. Die Fragen, an denen sie sich orientiert, sind folgende: Welche Ebenen sollen miteinander in Verbindung gebracht werden? Wodurch sollen die

Themen, die ich behandeln will, sich konkret im Text äußern? Wie kann ich während des Schreibens den Überblick behalten? Was ist das aktuell größte Problem des Projektes, und wie kann mir die Methode bei ihrer Bewältigung helfen?

Das folgende Schema ist Teil meines Arbeitsprozesses an *DAVE* gewesen – einem Roman, dessen größte Herausforderung es nicht nur war, mir einen Überblick über die unzähligen Ebenen und Inhalte zu verschaffen, sondern überhaupt zu begreifen, welche Anteile des Romans Teil der Geschichte waren, welche implizit vermittelte Motive und welche Anteile zu den Erzählebenen gehörten.

Die spezifische Methode für *DAVE* war es, vier Dinge voneinander zu trennen, die sich im ersten Entwurf nicht maßgeblich voneinander unterschieden hatten. Vor allem **Themen** und **Motive** waren in den ersten Fassungen dermaßen ineinander verworren, dass es schwierig war, sich einen Überblick über das Geschehen zu schaffen. Die Einsicht, dass das, was thematisch vermittelt werden soll, sich nur qua eines Motivs im Text manifestiert, also zu allgemein ist, um direkt im Text aufzutreten, war eine wichtige Erkenntnis. Man kann zwar »ein Buch über Heilsversprechen, Transhumanismus und Erinnerung« schreiben, wie es dann später vielleicht in einer Besprechung heißt, aber für die konkrete

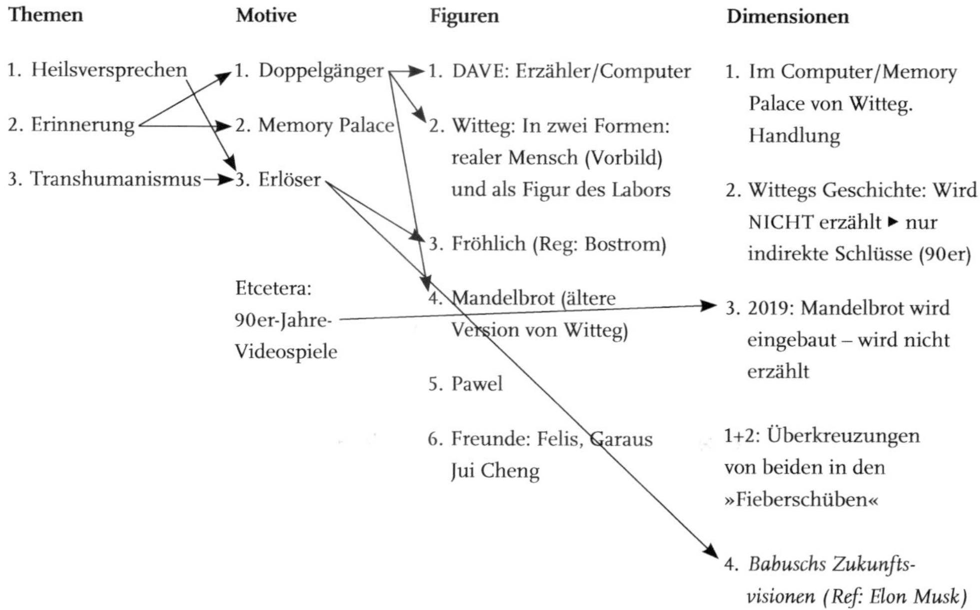
Themen
Motive
Figuren
Dimensionen
1. Heilsversprechen
2. Erinnerung
3. Transhumanismus
1. Doppelgänger
2. Memory Palace
3. Erlöser
Etcetera:
90er-Jahre-
Videospiele
1. DAVE: Erzähler/Computer
2. Witteg: In zwei Formen: realer Mensch (Vorbild) und als Figur des Labors
3. Fröhlich (Reg: Bostrom)
4. Mandelbrot (ältere Version von Witteg)
5. Pawel
6. Freunde: Felis, Garaus Jui Cheng
1. Im Computer/Memory Palace von Witteg. Handlung
2. Wittegs Geschichte: Wird NICHT erzählt ▸ nur indirekte Schlüsse (90er)
3. 2019: Mandelbrot wird eingebaut – wird nicht erzählt
1+2: Überkreuzungen von beiden in den »Fieberschüben«
4. *Babuschs Zukunfts-visionen (Ref: Elon Musk)*

Umsetzung müssen spezifischere Strategien gefunden werden. Ich selbst arbeite hier gerne mit einem Motiv, »eine(r) kleinere(n) stoffliche Einheit, die zwar noch nicht einen ganzen Plot, eine Fabel, umfasst, aber doch bereits ein inhaltliches, situationsmäßiges Element darstellen«.[42] Konkreter sind Motive für mich auch literatur- und kunstgeschichtlich geprägt und erlauben eine formale Recherche: In welchen anderen Texten kommt etwa das Doppelgängermotiv vor, und was ist damit assoziativ für die Leser*innen in spe verbunden? Traditionslinien erlauben hier nicht nur, emotionale Reservoirs anzuzapfen, die in den Rezipient*innen schon angelegt sind, sondern auch Ideen und Strategien zu sammeln, sich in Traditionslinien einzureihen. Die Motive wiederum müssen in gewissen Zusammenhängen hervortreten – Szenen, dramaturgischen Ereignissen oder durch Figuren, die einen dieser Aspekte verkörpern. Aufgrund der speziellen Anlage von *DAVE*, in der bestimmte Personen traumatische Erinnerungen oder schlichtweg Doppelgänger von DAVE repräsentieren, erwies sich dieser Zugang, die Motive aufzuteilen, als besonders günstig. Ganz zum Schluss konnten all diese Elemente jenen Erzählebenen »zugeteilt« werden, die gewisse Zeit- oder Gedankenräume vereinen. Mit diesem (gedanklichen) Ordnungssystem wurde es schließlich einigermaßen machbar, ein Mischverhältnis der Ebenen zu erreichen, in dem der*die Leser*in nicht sofort begreift, wo er*sie ist, bei erneuter Lektüre aber durch präzise Signale eine zweite Lesart entsteht. In diese Marker sollte genügend Zeit investiert werden, damit sie weder zu subtil noch zu deutlich sind – Interpretationen werden angedeutet, ohne dass mögliche Aha-Erlebnisse zunichte gemacht werden.

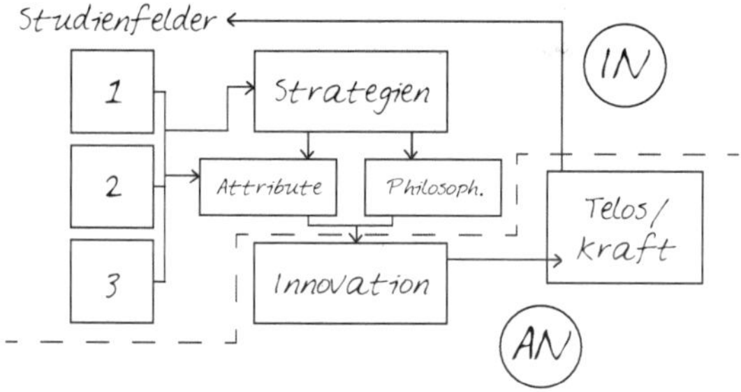

3. Ein System zu entwickeln, heißt nicht, sich diesem andauernd zu unterwerfen. Das System entsteht aus der Praxis, nicht umgekehrt – es dient dazu, die vielen divergierenden Praktiken bewusst zu integrieren. Es ist ein Werkzeug zum Textverständnis. Es kann einen retten, wenn man in den Fluten der verschiedenen Ansätze und Probleme versinkt, die sich im Laufe des Romanschreibens notwendigerweise akkumulieren. Einmal entwickelt, muss es mitnichten dauernd im Kopf behalten werden, sondern ist der Hafen, in den man zurückkehrt, um alles ordnen und schlichten zu können. Wie in der Abbildung auf S. 89 ersichtlich, findet ein Teil der Me-

thoden IN der Sprache (der schon vorhandenen) statt, der wichtigere Teil jedoch AN der Sprache.

In der Sprache arbeiten umfasst das Handwerk, die Kontinuität, die Tradition – mit einem Wort das Vertrautmachen mit den Werkzeugen, die im Menschheitsprojekt namens Literatur bereits gesammelt wurden. Studienfelder zu erkunden, ist ein Tätigkeitsgebiet der Praktikerin, das kein Ende und keine Pausen kennt. Schlechterdings alles ist ein mögliches Studienfeld. Beispiele wurden schon im ersten Abschnitt gegeben, aber hier noch einige weitere:

- der naturalistische Roman,
- die katholische Liturgie,
- die Art, wie betrunkene Schnösel sich unterhalten,
- wie Unheimlichkeit in viktorianischen Geistergeschichten erzeugt wird,
- Programmiersprachen,
- der spezielle Sprachduktus der Ulrike Meinhof,
- die antike Trauerrede,
- die Wiener Gaunersprache.

Die Praxis kann von überall beginnen, weil das Feld der Sprache keinen Anfang kennt, sondern sich kontinuierlich ins Unendliche erstreckt. Das Wichtige ist allein, dass man sich stetig weiterbewegt. Für jedes Projekt müssen Dutzende speziell kuratierter Studienfelder zusammengetragen und untersucht werden – ein Sprach-Messie zu sein, lohnt sich.

Aus den Studienfeldern werden Stück für Stück die passenden Strategien oder Techniken herausdestilliert – mal unabsichtlich, mal forciert. Im Studienfeld »Unheimlichkeit« können etwa Strategien wie Foreshadowing, Perspektivenverschiebung, übergenaue Beschreibung vertrauter Objekte etc. isoliert werden, die eine Art methodischen Werkzeugkasten bilden.

Eine Strategie, die sich nur in einem Anwendungsfeld bewährt, ist keine Strategie. Man muss seine Werkzeuge in einer Vielzahl von Szenarien erproben. Dieselbe Technik kann sich in verschiedenen Texten und Anwendungsfällen vollkommen anders verhalten – nur durch konsequentes Üben können Strategien wirklich verstanden werden.

Gewisse Attribute tauchen dabei in verschiedenen Strategien immer wieder auf und verbinden die verschiedenen Techniken miteinander. Unter einem Attribut verstehe ich sprachliche Qualitäten: Satzlänge, syntaktischer Bau, Melodie, Wiederholung, Zerlegung etc. – auch hier sind die Möglichkeiten im Grunde endlos.

Damit die Strategien und Techniken nicht zu Partytricks geraten, die unverbunden im Repertoire des*der Autor*in umherrollen wie Zauberutensilien eines Kindergeburtstagsmagiers, müssen sie in eine Philosophie oder Poetik eingebunden sein. Diese leisten neben dem *Wie* des Handwerks das *Warum*. Wer keine eigene, kohärente Philosophie entwickelt, bildet oft ein Patchwork aus Theorien anderer, getrieben von Momenterscheinungen seiner eigenen Aversionen und Neigungen. Eine Poetik ist in ästhetischem und inhaltlichem Sinne das, was für das Handeln die Ethik oder in der Mathematik eine Axiomatisierung ist. Sie schafft es nie, das Ganze, für dessen Integrität sie bürgt, vollständig einzuholen – aber immerhin strebt sie danach. Sie ist der Klebstoff, der ein entstehendes Werk gerade so weit zusammenhält, dass es sich entwickeln kann – das Paradox eines Letztgrundes also, der flexibel bleibt.

Die Arbeit in der Sprache ist nur Wegbereiter des eigentlichen Ziels, der Arbeit *an* der Sprache nämlich. Das erfordert vor allem ein konsequentes Umdenken, einen Möglichkeitssinn: Worin man sich bei der Arbeit an der Sprache bewegt, ist das, was noch gar nicht existiert und was im Status quo der Sprache auch gar nicht möglich ist. Man muss nicht nur erfinden, was gesagt wird – sondern gleichzeitig auch eine Sprache, in der es gesagt werden kann.

Strategien in selbst erdachten Szenarien zu erproben und sie durch den konsequenten Kontakt mit der eigenen Philosophie in die Praxis zu integrieren, ist die Basis der Innovation. »Es ist schon alles gemacht worden«, ist eine der dümmsten Aussagen, mit denen junge Autor*innen ungefragt konfrontiert werden. In einer Welt, die sich in dauerndem Umbau befindet und in der sich nicht nur gesellschaftliche Zustände erneuern, sondern auch das Medium, in dem gearbeitet wird, von acht Milliarden Menschen in einer niemals endenden Herkulesarbeit zersprochen und neu zusammengesetzt wird – wie sollten die Möglichkeiten je an ein Ende gelangen? Sie lagern nicht in Depots, die sich verbrauchen, wenn man sie aufsucht. Vielmehr werden sie erschaffen, *indem man sie aufsucht.* Innovation heißt dabei nicht immer, dass mit großem Pomp eine neue literarische Strömung gegründet wird. Sie kann ganz leise sein oder, in den Ritzen des Verständlichen versteckt, wirken. Innovation heißt nicht nur eine neue Lösung für ein altes Problem zu finden, sondern auch eine ganz normale Lösung für ein neues Problem. Innovation, das heißt, selbstwirksam seine eigenen Werkzeuge herzustellen und zu verwenden, obwohl man die herkömmlichen beherrscht. Es gibt ganz einfach so viel zu erfinden und so viel mehr noch zu vergessen.

Für das wirkliche Ziel, die unmittelbare Kraft des sprachlichen Ausdrucks, gibt es kein Rezept. Sie ist nicht etwas, das man kreieren kann, sondern vielmehr etwas, das einem widerfährt. Die unerträgliche Schönheit der Sprache geht von ihr selbst aus, und die Praktikerin räumt ihr nur die Hindernisse aus dem Weg.

Innerhalb des gesamten Systems gibt es ein rekursives Element. Studienfelder, Poetik und Handwerk geben dem, was im Schreibprozess erkundet werden soll, den Anlass. Schon bei der Antizipation dessen, was man schreiben will, legen sich wiederum Studienfelder nahe. Schreiben ist ein selbstbezüglicher Vorgang in hundert Schleifen.

Innerhalb des gesamten Systems gibt es außerdem eine Inversion: Was für mich die Arbeit *an* der Sprache ist, ist schon in dem Moment, in dem es fertig gestellt ist, für die*den andere*n ein Studienfeld, also *in* die Sprache übergegangen.

4. Aber ist das nicht alles zu verkopft? Lebt Literatur nicht auch von Eingebung und Spontanität? Das Großartige ist: Wir können intuitiv UND analytisch sein, Zufall UND Planung verwenden, unser Werk reflektieren UND es genießen, das Kleine UND das Große beachten. Der Kern der Praxis ist, dass sie keine Peripherie und kein Zentrum hat und dass wir Schichten um Schichten von ihr abschälen können, ohne je an ein Ende zu gelangen. Die Praxis muss intensiv, mit Leidenschaft, Intention und höchster Priorität betrieben werden. Wir brauchen keinen Grund, um die Praxis aufrechtzuerhalten außer unserer Neugier, denn der Lohn für die Lösung eines Rätsels sind, wie schon gesagt, nur weitere Rätsel.

Wie es in einem Aphorismus des Zen-Meisters Ryōkan heißt: *Ich schieße einen Pfeil in den offenen Himmel. Wenn ich nicht ziele, kann ich nichts verfehlen.*

ANMERKUNGEN ZUR METAPHER

EINLEITUNG

Dieser Text ist in der Auseinandersetzung mit antiken wie zeitgenössischen Metapherntheorien entstanden. Er beschränkt sich auf die Ausformulierung zweier zentraler Ideen. Die erste entwickelte sich aus einer eigentlich banalen Beobachtung: Das Konzept *Metapher* wird stets – obschon auf sehr unterschiedlich verstandene Weise – als eine Devianz von der Eigentlichkeit aufgefasst. Demgemäß sei Metapher das wesenhaft, was eben *nicht literal* ist. Es wird dabei aber nie erklärt, was diese Literalität eigentlich ist, geschweige denn, wie sie funktioniert.

Die zweite Idee widmet sich der Zusammenführung der Metapher mit dem Konzept, das diesem Band den Namen gibt. Dass ein kataboler, subtraktiver Vorgang der Generalisierung den metaphorischen Prozess besser beschreibt als der einer »Konstruktion eines Bildes« ist ihr Kern. Diese beiden Ansätze sind bewusst nur skizzenhaft gehalten, können aber hoffentlich gerade in ihrer Zusammenschau eine Idee davon liefern, was das Metaphorische in meiner Konzeption leisten kann.

ERSTE THESE

Auf dem Grund meines ersten Punktes liegt ein Unbehagen. Es besteht darin, in zeitgenössischen Metapherntheorien, einem Feld, das in Philosophie und Literaturwissenschaft immer populärer wird, mit einem Begriff umzugehen, der definitorisch nicht aufgearbeitet ist: der der Eigentlichkeit oder Literalität. Dies ist deswegen ein Problem, weil die Metapher stets in Abgrenzung zu dieser eingeführt wird. Weder zum Begriff der Literalität noch zu dem der Eigentlichkeit findet sich ein Eintrag in den wichtigen philosophischen Lexika, z. B. der *Stanford Encyclopedia of Philosophy, Metzlers Philosophielexikon*, dem *Historischen Wörterbuch der Philosophie* und der *Routledge Encyclopedia.* In meinen Augen ist dies kein Mangel der genannten Standardwerke, sondern liegt darin begründet, dass es hier nichts zu klären gibt, weil etwas wie literales Sprechen gar nicht existiert.

Ich vertrete die These, dass jede Äußerung auf einer Skala des Metaphorischen stattfindet. Was wir normalerweise unter einer Metapher verstehen, befände sich dann am Ende dieses Spektrums, mit der kühnen Metapher am Ende der Skala. Das »direkt Referierende« stünde dafür an ihrem Beginn. »Eigentlich« ist aber keines davon – alles ist Übertragung.

Fragt man sich, was die Metapher ihrem Wesen nach ist, werden die Probleme schnell offenkundig. Die Metapher sei uneigentlich verwendete Sprache, liest man oft – gut, aber was bedeutet »eigentlich«?

Ist das Wort »Badewanne« in a) »Meine Badewanne ist weiß« eigentlicher gebraucht als in Satz b) »Das Mittelmeer ist die Badewanne der Italiener«? Oder anders gesagt: Gibt es überhaupt Möglichkeiten, sich und anderen zu erklären, was *Eigentlichkeit* hier bedeuten soll?

Die Begründungen, die den kategorialen Unterschied von a) und b) stützen sollen, machen diesen Mangel erkennbar. Sie sind meist weniger Legitimation als bloße Affirmationen, wie etwa, dass die Badewanne im ersten Satz als *sie selbst* auftrete oder dass a) »genau so« gemeint sei. Ist b) etwa nicht »so« gemeint?

Will man es dann noch deutlicher haben, fügt man vielleicht hinzu: »Nun, das Mittelmeer ist eben keine *wirkliche* Badewanne.« Jeder, der des Deutschen kundig ist, wird diese Begründung normalerweise hinnehmen. Aber inwiefern beweist der Ausdruck *meine wirkliche Badewanne*, dass sie eine echtere Badewanne ist, abgesehen davon, dass ich das *wirklich* davorstelle und das Wort Badewanne wiederhole? Taugt eine solche Reformulierung tatsächlich als hieb- und stichfeste Erläuterung?

Die Ausdifferenzierung dessen, was wir als eigentlich verstehen und was nicht, bewegt sich meist nur in eine Richtung. Wir konstatieren, dass dies *übertragen* gemeint sei und jenes noch übertragener, etwa in Bezug auf eine verblasste versus einer kühnen Metapher*. Eine Abstufung in die andere Richtung wird selten vorgenommen. Man sagt also nicht »Nun, das ist eigentlich, aber dieser Ausdruck ist noch eigentlicher« – obwohl sich das Spektrum ja auch in die andere Richtung erstrecken müsste. Die Frage bei solchen Bestimmungslücken ist, ob ihr Manko an einer bestimmten Praxis liegt – einer eingeschliffenen Gewohnheit – oder ob sie auf ein tieferliegendes Problem verweist. Meiner Ansicht nach ist hier zweiteres der Fall. Ich glaube, dass das Wort *Eigentlichkeit* hier gar nichts zu suchen hat.

Man könnte nun einwenden, dass die Unbestimmtheit des Begriffs »Literalität« der Charakter mancher philosophischer Termini sei, dass Strittigkeit in der Definition – oder gar die Unmöglichkeit einer solchen – in manchen Fällen nicht zu vermeiden sei. Doch wurde bereits im Abschnitt zur Fiktionalität anhand des Konzepts

---

* Die kühne Metapher verknüpft zwei Gebiete miteinander, die nicht kompatibel scheinen. Vgl. Braak, Ivo: *Poetik in Stichworten*. Stuttgart: Hirts 2007, S. 45.

»Wahrheit« erläutert, dass sich selbst bei solch umstrittenen Termini stets außerhalb der Sprache liegende Werkzeuge finden lassen, die sie greifbar machen.* Auch dass es sich bei Literalität und Metaphorizität um relationale Termini handle, die sich nur dadurch charakterisieren lassen, dass sie einander Negative sind, hält als Begründung nicht stand. Auch wahr und falsch sind solche Begriffe, An-sich und Für-sich oder Immanenz und Transzendenz. Ihr Verhältnischarakter als das jeweils Nicht-Andere hindert uns aber nicht daran, dass die angesprochenen Lexika Beiträge und fundierte Erläuterungen anbringen können.

---

* »Halt«, könnte man jetzt sagen. »Kann nicht ein Bildlexikon dasselbe leisten wie der Pass im Wahrheitsbeispiel?« Indem ich z. B. in der Badewanne ein weißes Porzellanbecken sehe, es mit der Bucht von Neapel vergleiche und tatsächlich feststelle, dass sie nicht aus Porzellan ist – daher also keine »wirkliche« Badewanne? Ein solches Kriterium erweist sich als schwer haltbar, denn eine Badewanne aus Marmor, aus schwarzem Porzellan oder eine in der Form eines Kipferls, sodass sie sich nur der Funktion nach als Badewanne erweist, würden uns dennoch als »eigentlich« erscheinen. Eine Badewanne, in der man nicht baden kann, eine die das Wasser nicht hält, ein Trog aus Holz, eine Wanne, die den Anwender in den Raum katapultiert, etc. – es sind wenige Eigenschaften denkbar, die man *nicht* von der eigentlichen Badewanne entfernen könnte.

Das Problem kommt erst dann auf, wenn ein relationaler Begriff nicht mehr durch Erklärungen oder Begründungen, sondern nur durch Reaffirmation gestützt wird. Ein Beispiel hierfür ist das Metaphernkonzept der kognitiven Linguistik in seiner originalen Ausprägung durch Lakoff und Johnson, das, vereinfacht gesagt, die These aufstellt, dass der metaphorische Prozess darin besteht, ein Konzept von einem kognitiven Bereich in einen anderen zu »mappen«.[43] Solche Konzepte können etwa »more is up« und »happy is up«[44] sein, wobei das erste Konzept – dass »mehr« dasselbe sei wie »nach oben« anwachsen – das ursprüngliche ist und das zweite das übertragene, das in ähnlichen Hirnmustern gemappt ist. Dadurch besteht die Möglichkeit, z. B. »my mood went up« zu äußern, indem man sich (implizit) auf das erste Konzept beruft. Neben dem offensichtlichen Problem, dass Fröhlichkeit jedoch in keiner Weise einen Höhengewinn »bedeutet« und man somit die Literalität des Ursprungsbereichs stark in Zweifel ziehen muss, ist die Frage, was durch diese Erklärung – sollte sie denn wahr sein – gewonnen wäre. Es stellt sich dann stattdessen die Frage, wie wir die Bereiche auswählen, von denen bzw. in die erfolgreich gemappt werden kann – und damit sind wir wieder bei der Ausgangsfrage angekommen. »*Wir hätten dadurch bloß eine neue, aufwendigere Art gefunden, untersuchte Phänomene zu beschreiben, aber wir hätten keinen Fortschritt in der Erklä-*

rung gemacht«,[45] sagen Reimer und Camp, die diese Reformulierungen als charakteristisch für weite Teile der Metapherntheorie sehen.

***

Sprechen wir also einfach dort von Eigentlichkeit, wo unsere Erklärungen an ein Ende stoßen? Ich kann den Satz »Der Eiffelturm ragte auf. Er war ein Baguette im Körbchen« zwar erläutern, indem ich sage, das 7. Arrondissement habe Ähnlichkeit mit einer Flechtarbeit oder der Eiffelturm sei länglich. Beim Satz »Der Eiffelturm ist 330 Meter hoch« hingegen – dem Inbegriff eines literalen Satzes – wüsste man gar nicht, wo eine Erklärung ansetzen sollte. Das bedeutet aber nicht, dass etwas an dieser Formulierung »eigentlich« ist.

Raymon Gibbs, der im Bereich der kognitiven Linguistik forscht, gehört zu den wenigen, die Literalität nicht einfach hingenommen, sondern sich um eine strukturelle Herleitung bemüht haben. In *The Poetics of Mind*[46] entwickelt Gibbs bei der Untersuchung der traditionell in der Philosophie vertretenen Ansicht der grundlegenden Unterschiedenheit von Metapher und Eigentlichkeit ein Schema, um Letztere zu fassen. Er unterscheidet a) nonmetaphorische Literalität, b) kontextfreie Literalität und c) wahrheitskonditionale Literalität.[47] Auch dieses Schema ist jedoch nicht frei von Problemen: Gibbs stellt bei allen drei Formen fest, dass sie keine harten Grenzen, sondern Kontinua hin zur Metaphorizität darstellen. Dies belegt er auch dadurch, dass neurologische Experimente keinen grundlegenden Unterschied in der kognitiven Verarbeitung metaphorischer und literaler Konzepte zeigten. Eine wesenhafte Charakterisierung der Eigentlichkeit bleibt allerdings aus, auch Gibbs kommt nicht über den Ausschluss metaphorischer Gegenkonzepte hinaus.

Es ist erstaunlich, dass gerade in kognitionspsychologischer und analytisch-philosophischer Literatur, die sonst an Kalkülen und harten Definitionen nicht arm ist, stets wiederholt wird: »Nun, das ist eben keine *wirkliche* Badewanne, keine *eigentliche* Badewanne, das sollte doch Beweis genug sein!« Und mehr noch: Dass meine eigentliche Badewanne deswegen eigentlich ist, weil sie nicht die metaphorische Badewanne des Mittelmeeres ist, klingt nicht überzeugend.

Eine Definition von Literalität ist, wie wir oben feststellten, die als ein Ausdruck ohne Rückbezug zu metaphorischer Sprache und verzichtet somit darauf, eine Sache in der Begrifflichkeit einer anderen auszudrücken. Angenommen, die Fernbedienung würde außerhalb meiner Reichweite liegen und ich würde meine Freundin bitten: »Gib mir bitte die Fernbedienung« – könnte man dann wirklich sagen, dass ich hier meine Idee, die Fernbedienung zu erhalten, nicht *in terms of another* ausgedrückt habe? Was heißt es, eine Idee »in ihren eigenen Begriffen« auszudrücken?

Ich habe sie in einer grammatischen Struktur und nach der pragmatischen Idee der Höflichkeit formuliert, ganz abgesehen davon, dass arbiträre Zeichenketten als Stellvertreter eingesetzt wurden. Zu sagen, dass diese Definition von Eigentlichkeit ohne weitere Erklärung als »sie selbst« angenommen werden kann, scheint übereilt, denn es bleibt wieder nichts anderes als eine Beteuerung: Aber die Worte bedeuten hier eben genau *sie selbst*!

Referenz ist nach der *Routledge Encyclopedia of Philosophy* durch solche Verbindungen charakterisiert, »die sich zwischen Sprache auf der einen und Gedanken auf der anderen Seite ergeben.«[48] Aber ist es nicht auch eine Übertragung, Gedanken in Sprache zu fassen oder umgekehrt? Was daran ist also »es selbst«?

Natürlich ist Referenz nicht automatisch eine Metapher, nur weil sie zwei Dinge verbindet. Dennoch lohnt die Frage, ob Relationen zwischen verschiedenen Bedeutungssphären wirklich literal sein können. Wenn ich anfangs eine Art Skala der Metaphorizität vorschlug, dann deswegen, weil ich der Überzeugung bin, dass die Idee reiner Literalität nicht eingelöst werden kann, dass Bedeutung immer Übertragung und immer ein wenig Metaphorizität verlangt. »*Expressing one idea in terms of another*« – das ist, als würde man zwei Folien übereinander halten, sodass man beide noch halb sieht, obwohl beide schon halb durchsichtig sind.

Auch wenn ich alle Sprache in gewissem Sinne metaphorisch verorte, gilt es, eine Grenze ziehen, und zwar zum wohl berühmtesten deutschsprachigen Text, der das ebenfalls tut, nämlich Nietzsches »Über Wahrheit und Lüge im außermoralischen Sinne«:

> *»Was also ist Wahrheit? Ein bewegliches Heer von Metaphern, Metonymien, Anthropomorphismen, kurz eine Summe von menschlichen Relationen, die, poetisch und rhetorisch gesteigert, übertragen, geschmückt wurden, und die nach langem Gebrauche einem Volke fest, canonisch und verbindlich dünken: die Wahrheiten sind Illusionen, von denen man vergessen hat, dass sie welche sind.«*[49]

Nietzsches Vorstellung unterscheidet sich von meiner eigenen ganz grundlegend. Er denkt das Metaphorische als eine Perversion, die die eigentliche Bedeutung im Laufe der Zivilisationsgeschichte verdreht und verschüttet, während ich sie als notwendige Grundlage für Bedeutung per se erachte.

Nietzsche geht von einem Deformationsprozess aus, in dem ein »Urerlebnis« durch gesellschaftliche Normen und Zwänge bis zur Unkenntlichkeit umformuliert wird.

Plaques lagern sich auf etwas Naturhaft-Direktem – dem urtümlich »Literalen« – ab, und die sprachlichen Ausdrücke werden zu aufgeblasenen Monstern. Anders gesagt: Zwar denkt er unsere heutige Sprache als metaphorisch, hält aber eine ursprünglich literale Ausdrucksweise für möglich.

Die verschiedenen Ansätze in der Metapherntheorie begünstigen eine solche Haltung, indem sie versteinerte und halbtote Metaphern überbetonen, die längst zu Phrasen erstarrt sind. »Julia ist die Sonne« – nun gut, aber was ist mit den 2023 aus der Taufe gehobenen Neologismen und originären Bildern? Auch Jacques Derridas Metaphernkonzept aus *Weiße Mythologie*,[50] das von einem Text Anatole Frances inspiriert[51] ist, hält das Leitbild der verblassten Metapher aufrecht. Derrida beschreibt Metaphern als abgewetzte, zerschlissene Münzen, die ihr Bild verloren haben[52] – eine Idee, die besonders viel Zuspruch von Metaphysikern erhalten hat. Wie bei Nietzsche wird hier ein Bild von der Metapher als verbrauchtes Original, ja sogar als bewusstes Täuschungsmanöver, gezeichnet. Dass sie auch als epistemologisches Werkzeug, als Erweiterung der Sprache oder kreatives Formwerkzeug dienen kann, ist diesem Verständnis nach ausgeschlossen. Dementsprechend ist auch das Erkenntnispotenzial einer solchen Metapherntheorie auf einen bestimmten Typ von Übertragung limitiert. Wir könnten etwa erfahren, wie die Versteinerung von Metaphern funktioniert, aber dass wir dem Verständnis der lebendigen Metapher näherkommen, ist unwahrscheinlich.

Das radikale Gegenbild zur Idee dieser Vernutzung von ursprünglich bedeutungstragenden Ur-Worten, die zu immer sinnbefreiteren Metaphern werden, liefert hingegen Giovanni Battista Vico 1744. Im Vorwort zu seiner *Neuen Wissenschaft* postuliert er – quasi im genau inversen Vorgang – ein *vocabulario mentale*, das die Grundlage allen menschlichen Denkens ist und aus Metaphern besteht.[53] Auch hier geht ein Prozess des Abschleifens vonstatten, aber genau umgekehrt, denn die »literalen« Worte, die wir im Alltag verwenden, sind laut Vico Deviationen von ursprünglichen Metaphern des Geistes – »phantastische Allgemeinbegriffe«, die allen Idiomen zugrunde liegen.[54]

Was aber ist mit jenen originellen Metaphern, die in der literarischen Praxis geschöpft werden, um etwas zu sagen, das anders nicht gesagt werden könnte? Vicos Theorie stößt hier an ihre Grenzen, da er die eigentliche Metapher mit einer unveränderlichen Grundform gleichsetzt. Ich selbst gehe – da die Idee einer »adamitischen« Ur-Sprache[55] recht altbacken wirkt – bewusst ex negativo vor; indem ich die Idee der Literalität schwäche, statt eine schwer rekonstruierbare Ursphäre beschreiben zu wollen.

Die anfängliche Beobachtung einer begrifflichen Absenz der Literalität hat sich inzwischen zu zwei Kernfragen verdichtet. Die erste ist: Gibt es wirklich für jede Metapher einen literalen Ausdruck – also eine »ursprüngliche« Bedeutung? Und zweitens: Gibt es überhaupt literale Bedeutung, oder ist das Literale nur verkappte Metapher? Aus meiner Sicht hängen diese beiden Fragen eng zusammen.

Eine interessante Beobachtung ist, dass es in sehr unterschiedlichen Feldern kaum komplexe Theorien gibt, die auf metaphorische Sprache verzichten können; dies betrifft auch die Metapherntheorien selbst. Reimer und Camp bezeichnen dieses Phänomen als typisch[56], Paul de Man diagnostizierte es schon 1978: »Metapher gibt sich selbst die Totalität, die sie zu definieren beansprucht, doch tatsächlich ist sie die Tautologie ihrer eigenen Setzung.«[57]

Dabei handelt es sich nicht unbedingt um ein Problem, denn wir akzeptieren eine ganze Anzahl an Theorien, die jene Phänomene, die sie erklären wollen, voraussetzen.* Es lässt sich aber in jedem Fall als ein Indiz dafür werten, dass es selbst in der Bemühung um eine nüchterne Beschreibung fast unmöglich ist, einen komplexen Prozess »literal« zu schildern. Allerdings ist metaphorische Sprache bei der Beschreibung von Phäno-

---

* Z. B. Sprachphilosophien oder Theorien des Bewusstseins.

menen so üblich, dass sie literal erscheint, wie die folgenden Beispiele erkennen lassen:

Wie könnte man etwa »Tonhöhe« ohne den Rekurs auf *hoch* und *niedrig* denken, die ihrerseits Metaphern sind? Versuchen Sie sich einen Moment lang vorzustellen, wie ein C1 zu einem F2 »eigentlich« ist, ohne auf die Metapher tiefer/höher zurückzugreifen. Es ist nahezu unmöglich, etwas zu benennen, was hier *ersetzt* werden könnte. Töne *sind* einfach höher oder niedriger, selbst wenn wir rational noch nachvollziehen, dass dies kein »eigentlicher« Ausdruck ist. Franz Joseph Czernin nennt diese Art von Metaphern »solche, die nicht nur – wie bei den Paraphrasierungsproblemen oben – eine Lücke im deskriptiven Vokabular schließen sollen«, Katachresen.[58] Damit schließt Czernin an die Theorie der »Sprachnot« an, wie sie schon im 18. Jahrhundert bei Johann Georg Sulzer vorkommt[59] und eine Vorstellung der Metapher evoziert, die nicht einem Abklatsch oder einer Ersetzung gleicht, sondern semantisch-schöpferisches Potenzial entfaltet.

Diese Art der Bedeutungskonstitution ist keine seltene Ausnahme. Auch der Begriff »Welle« ist eine Metapher und steht »Teilchen« als Bezeichnung gegenüber. Aber man könnte nicht sagen, wofür es eine Metapher ist. Sicher ist es keine Flüssigkeitswelle, aber es ist auch nichts »Ursprüngliches« dahinter. Die Metapher *ist* der Ursprung dieses Begriffs. Dies korrumpiert die Vorstellung einer Ersetzung oder eines Vergleichs als Grundlage des metaphorischen Prozesses und beantwortet somit die erste Frage.

Kritiker*innen könnten natürlich einwenden, dass die Kategorien »hoch« und »tief« zwar im Beispiel der Tonhöhen Metaphern darstellen, nicht aber bei der Kategorisierung geologischer Orte wie dem Mount Everest und dem Marianengraben. Aber stimmt das? Eine physikalische Analyse würde sicherlich zeitigen, dass es im absoluten Sinn kein Oben und Unten gibt und der Marianengraben genauso gut als hoch und der Mount Everest als tief bezeichnet werden könnten.

Das mag wie Spielerei erscheinen, aber zeigt doch eins: Wir verwenden das Wort »eigentlich« immer dort, wo unsere Analyse an ein Ende gelangt. Einen absoluten physikalischen Grund für Literalität sucht man vergebens, und zwar, weil er sich auflöst, sobald wir auf der Ebene der Begriffe angekommen sind, die seine Grundlage bilden.

***

Die sogenannte *Vergleichstheorie* der Metapher nimmt schon bei Aristoteles ihren Anfang,[60] setzt sich bei Quintilian fort[61] und tritt sowohl bei modernen Autor*innen wie Ortony[62] und Fogelin[63] erneut in Erscheinung. Nach dieser Theorie ist die Metapher nichts als ein elliptischer Vergleich, aus dem das »Wie« oder analoge Konstruktionen eliminiert wurden. Statt zu sagen: »Mein Garten ist eine Oase« würde man in Wahrheit meinen: »Mein Garten ist *wie* eine Oase« – und die Implikation wäre etwa: grün, erholsam, reichhaltig, inmitten der Ödnis etc. Was der*die Zuhörer*in aufnimmt, wäre eine Vielzahl solcher Konnotationen, ohne dass man sie umständlich einzeln aufzählen müsste, und zusätzlich eine gewisse Atmosphäre, die durch die Gesamtheit des Eindrucks vermittelt wird. Aber es gibt eine Menge von Problemen, die mit dieser Theorie einhergehen.

Obwohl in unserem Beispiel ein Vergleich zwischen Garten und Oase gezogen wird, sind diverse Dinge *nicht* gemeint, etwa dass in meinem Garten Palmen wachsen, eine Wasserstelle vorhanden ist oder er in Nordafrika liegt. Woher aber wissen wir – wenn wir durch den Vergleich ja erst etwas über den Garten lernen –, was gemeint und nicht gemeint ist? Wir müssen etwas über die Ähnlichkeit von Garten und Oase wissen, schon *bevor* der Vergleich angestellt wird, sonst würde er uns gar nichts sagen. Wozu dann aber den Vergleich überhaupt anstellen? Dieser Einspruch ist bei einfachen Metaphern – wir wissen ja in etwa, was ein Garten ist – im Übrigen nicht so triftig wie bei komplexen, originellen, literarischen Metaphern. Auffällig ist, dass in der zeitgenössischen Metapherntheorie noch immer so oft von

»Vergleichen« und deren »Wahrheitswerten« die Rede ist,[64] weil die Beispiele bewusst so ausgesucht werden, dass sie auf diese Theorien passen – und nicht, wie es eigentlich sein sollte, umgekehrt.

»Achill ist ein Löwe« und »Julia ist die Sonne« müssen als ewige Beispiele herhalten, weil sie eine Art von Metapher abbilden, auf die die Vergleichstheorie passt.* Man kann in diesen Fällen (und in diesen allein, wie ich argumentieren würde) dann »erläutern«: »Nun, Achill ist tapfer, wie ein Löwe tapfer ist.« Aber was ist im Gegensatz dazu mit: »Schwarze Milch der Frühe wir trinken sie abends wir trinken sie mittags und morgens wir trinken sie nachts«?[65] Bei solch komplexen Metaphern an der Vergleichstheorie festzuhalten, nur weil sie bei wenigen simplen Metaphern anwendbar war, ist, als würde man behaupten, alle Dinge in der Welt seien würfelförmig, weil ein Würfel und ein Schemel es sind.

Eine Rettung der Vergleichstheorie besteht häufig in Entgegnungen wie: »Das sind aber doch gar keine

---

* Dies ist übrigens ein Vorgehen, das in der Metapherntheorie durchaus moniert wurde. So sagt Schöffel (1987) lobend über Meier (1963): »Er ist anscheinend der erste, der mit den anfänglichen Intuitionen bricht und die Bestimmung der Metapher von einer Theorie abhängig macht; statt, wie es sonst immer geschieht, eine Theorie zu suchen, die genau jene Fälle erklärt, die von einem intuitiven Kriterium als Metaphern schon ausgewiesen worden sind.«

Metaphern! In der Todesfuge tauchen Analogien und Metonymien, Synekdochen und Parabeln, Allegorien und Symbole auf. Die schwarze Milch ist hier eben keine Metapher.«

Ich halte es für wenig zielführend, alles aus der Kategorie »Metapher« zu entfernen, was nicht in die Vergleichstheorie (oder auch die Substitutionstheorie) passt. Es ist evident, dass sich Celans Gedicht metaphorischer Sprache bedient, unabhängig davon, in welcher Subkategorie der Trope sich das verwirklicht. Den Metaphernbegriff abzufeilen, bis nur noch die banalsten Achilleslöwen hineinpassen, hat in den letzten Jahrzehnten eine wirkliche Theorie der Metapher verhindert.

Ganz ähnlich verhält es sich mit dem »Wahrheitswert« als entscheidendem Charakteristikum der Metapherntheorie. Nelson Goodman etwa sieht als charakteristisch für die Metapher, dass sie kontraindiziert ist,[66] da sie literal verstanden falsch ist, metaphorisch gelesen jedoch wahr. So sehr ich Nelson Goodman schätze, bin ich mir nicht sicher, ob mit dieser Beschreibung (und einer Vielfalt solcher, die sich an dieser orientieren) viel gewonnen ist. Und zwar nicht nur, weil sich hinterfragen lässt, wie sinnvoll es ist, zu konstatieren, dass ein Ausdruck in literaler Hinsicht falsch sei. Eine Ellipse ist, geht man von der Idee eines vollständigen Satzes aus, semantisch inkorrekt. Ironie ist, beurteilte man sie im Ernst, falsch. Sondern vor allem, weil auch diese Idee nur für simple, nicht aber komplexe Metaphern greift. Goodman lässt als Beispiele einfache Propositionen auflaufen, etwa »The lake is a sapphire« oder »The joint is jumping«.[67] Komplexere literarische Metaphern bleiben außen vor – nicht nur bei Goodman, sondern auch bei seinen Kritikern wie etwa Donald Davidson. Das halte ich für problematisch, denn in den wenigsten zeitgenössischen Texten, zum Beispiel in der Lyrik, spielen einfache Vergleichsmetaphern noch eine Rolle. Zwei Beispiele:

Monika Rinck, Himmelshärte: »Hört ihr das, so höhnen Honigprotokolle. Eine Halbwelt aus Blaulicht.«[68]

Elke Erb: »Diese gefügten, gefügigen, Weicheres tragenden Knochen: lesen. In Zeilen zerlegter und aufgelegter Gebinde Aufsammlung ab.«[69]

Die genannten Ideen zu Verifikation, propositionalem Gehalt oder der Verwendung des Vergleichsworts »wie« sind hier nicht zielführend. Die metaphorische Analyse beschränkt sich eben nicht nur darauf, zu verstehen, ob etwas »wahr« oder »falsch« ist – sondern auch, *was* an diesen Zeilen wahr und falsch sein könnte.

***

In unsere Alltagssprache findet die Metapher vielfältigen Eingang; wir sagen etwa: *Titanic* (den Film) kann man auch als Metapher denken, die den Untergang einer gewissen Gesellschaftsordnung meint oder: »Mein Scheitern in der Prüfung steht metaphorisch für mein ganzes Leben« oder »Moby Dick is a metaphor for a problem that haunts a person, or a goal that is difficult or even impossible to attain«. Im literaturwissenschaftlichen Sinn handelt es sich bei all diesen Beispielen nicht im strengen Sinn um Metaphern, sondern lediglich um ihr verwandte Tropen,[70] daher finden sie in der Metapherntheorie auch kaum Berücksichtigung. Ich glaube aber, dass sich hier ein entscheidender Hinweis verbirgt, wie es zu den Unklarheiten und benannten Grenzen in der Metapherntheorie kommt.

Um meinen nächsten Gedanken darzulegen, werde ich diese Trennung daher zunächst ignorieren. Das, was ich im Folgenden »Supermetapher« nenne, würde man normalerweise eher als Allegorie bezeichnen, in der eine verborgene Bedeutungsebene einer »öffentlichen« Lesart gegenübersteht.[71] Noch in der quintilianischen Tradition wurde die Allegorie als ausgestaltete Metapher[72] oder als Abfolge von Metaphern gelesen, weswegen ich nicht unbedingt die Notwendigkeit sehe, meine Nomenklatur zu ändern. Die Phänomene, die uns hier interessieren, sind ohnehin in allen Tropen gleich: Ausdruck dessen, was nicht gesagt wird; Semitransparenz, die das

Eigentliche und Uneigentliche zugleich sichtbar macht; Generalisierung.

Wenn ein ganzes Feld von Tropen durch eine bestimmte Metapher konzertiert und generiert wird, so bezeichne ich das als eine Supermetapher. »Das Labor (in *DAVE*) ist wie ein Bewusstsein« ist ein solches Über-Bild – aber mit einem Bild hat das freilich gar nichts gemein. Eine solche ästhetische, über 400 Seiten ausgerollte Behauptung wird nicht durch Eindrücke verifiziert, sondern vor allem durch andere Metaphern. *Es gibt ein Bewusstes in Form öffentlicher Räume und ein Unbewusstes in Form geheimer Räume*, zum Beispiel. Aber auch das kann nicht einfach konstatiert werden, sondern ergibt sich aus erzählerischen und formalen Strukturen. Relationen, die wieder auf andere Relationen verweisen, Formen in Formen. Da werden etwa gesellschaftliche Repressalien geschildert, die die unteren Schichten ins Unsichtbare drängen, oder unablässige Umbauten, die je nach Wissensstand des Protagonisten neu geplant werden. »Eine subtile Erosion regelte die Personenflüsse: Die Umbauten wurden unter unseren Beinen hinweg betrieben«[73] – sicherlich liegt auf dem Grunde all dessen die Metapher als Trope, aber die Struktur, die sie einbindet, ist ebenfalls eine Übertragung.

Das Entscheidende bei diesen Supermetaphern ist, dass der Raum zwar auch Bewusstseins- und Gedächtnisraum ist, aber ebenso ein ganz normaler Raum, der sich nach den Gesetzen der Geometrie und der Architektur beurteilen lässt. Metaphern, wie sie Lakoff und Johnson denken, die durch die Projektion eines Feldes in ein anderes zustande kommen,[74] können eine solche Konzeption ebenso wenig erklären wie die Theorie vom verkürzten Vergleich. Ihnen ist stets nur eine Übertragungsrichtung eingeschrieben: Der Löwe ist eine Metapher für Achilles, aber nicht Achilles für den Löwen.

Metaphern, die mich in meiner Arbeit interessieren, würde ich hingegen als *zweiseitig* bezeichnen. Unter einer zweiseitigen Metapher verstehe ich eine Sinnanlage, die von einem doppelten Prozess der Übertragung lebt. Ich nannte schon das Loch, ich nannte das Gebäude in *DAVE*: In einem dauernden Umschlagsverhältnis gilt der eine Bereich für den anderen – leistet Aufschluss über diesen und hilft, einen Begriff zu schärfen, der im nächsten Schritt wieder eine neue Allegorese motiviert. Sobald der*die Leser*in bemerkt, dass etwa das Gebäude in *DAVE* für einen mnemotechnischen Palast, also das Phänomen der Erinnerung steht, weckt der Text neue Assoziationen. Kurz- und Langzeitgedächtnis werden erwähnt – und der*die Leser*in kann diese als Bilder für die verschiedenen Stockwerke und ihre unterschiedlichen Funktionen erkennen. Auf einmal macht die zuvor konfuse Verwaltung der Labors Sinn. Sobald aber diese Brücke geschlagen ist, wird klar, dass irgendwo auch das Vergessen – das Entsorgen unangenehmer Erlebnisse? – sich zuträgt, und die Aufmerksamkeit der*des Rezipient*in wird auf einen dementsprechenden Auslegungsprozess gelenkt. Man bemerke, dass zuerst das Gebäude die Metapher war und die Erinnerung das Gemeinte, dann aber die Struktur des Gedächtnisses die Metapher für die Räume und zum Schluss wieder ein räumlicher Prozess das Bild für einen kognitiven. All diese Umschläge können in einer einzigen Bewegung geschehen.

Es müssen aber nicht nur zwei Bereiche sein, die in einem Ping-Pong-Spiel die Übertragungen leisten, sondern oft entfalten sich ganze Verknüpfungsketten. In den *Inkommensurablen* zum Beispiel sind es die Gebiete Krieg – Abstraktion – Psyche – Kollektiv – Geschichte. Dieselbe Beschreibung – beispielsweise ein aggressiver Massenauflauf – kann in der Lesart der tatsächlichen Begebenheit als Metapher für die Materialisierung abstrakter Ideen stehen, aber zugleich die Folge eines vorher ausgeführten Gedankens zur Struktur der Einzelpsyche sein. Das bedeutet: Ein und dieselbe Schilderung kann Ausgangs- und Zielfeld eines metaphorischen Prozesses sein. Auf diese Weise entstehen ganze Tropenknoten, die einander gegenseitig motivieren.

In dieser Dynamik der wechselweisen Interpretation gibt es keinen eindeutigen Herkunfts- und Zielbereich mehr, kein genuin Übertragenes und kein Gemeintes.

Dieses Verständnis eliminiert das Problem, das mich anfangs zu diesem Text motivierte – ein eindeutig Literales gibt es nicht; es ist ein relationaler Begriff, und es lässt sich höchstens festhalten, dass ein gewisser Begriff als *literal fungiert*.

Ist das Eigentliche vielleicht nur ein Moment des metaphorischen Prozesses, von dem sich die Übertragung abstößt, um ihre Bewegung zu vollziehen? Eine solche Lesart würde implizieren, dass die Metapher, nicht die Literalität die Basis des sprachlichen Prozesses ist. Dass daraus folgt, dass alle Sprache metaphorisch ist, scheint mir zwar nur allzu logisch, wird aber zur genauen Darlegung einer ausführlicheren Untersuchung bedürfen, die den hier gesetzten Rahmen übersteigen würde.

ZWEITE THESE

Schon 1987 versuchte Georg Schöffel, die disparaten Strömungen der Metapherntheorie in der Psychologie, der Philosophie und der Literaturwissenschaft vereinheitlicht darzustellen, und monierte: »Jeder, der sich nun in der Hoffnung, etwas über Funktion und Struktur der Metapher herauszufinden, der Literatur zuwendet, sieht sich einem Chaos gegenüber.«[75] Um dieses Chaos zu reduzieren, klammere ich bei der Beschreibung meiner Ideen bewusst viele Traditionen aus – etwa die hermeneutische und semiotische Metaphorologie à la Blumenberg[76] und Cassirer[77], die historische Einordnung einzelner Metaphern, wie es Konsermanns *Wörterbuch der philosophischen Metapher* versucht, oder die pragmatisch-linguistische Metapherntheorie, die den Kommunikationsbegriff in den Vordergrund stellt.[78] Gleichzeitig werde ich aber zur Illustration auch einige Konzepte der indischen Philosophie buddhistischer Prägung präsentieren, die in der westlichen Philosophie bisher nur wenig Aufmerksamkeit erfahren haben.

Mein Fokus ist und bleibt, wie in all meinen poetischen Texten, das elementare Wundern: Wie kann eine Sache eine andere bedeuten und, wie etwa in der literarischen Metapher, selbst dann unmittelbar verstanden werden, wenn sie ad hoc kreiert wurde? Ein Rätsel also.

Es gibt eine von Plinius und Cicero geschilderte Anekdote über den antiken Bildhauer Zeuxis. Der große Künstler, der ein Bildnis der Helena als Auftragswerk malen sollte, bestellte als Modell die fünf schönsten Mädchen seiner Heimatstadt zu sich. Er wählte von jeder das schönste Körperteil aus und malte so ein makelloses Ideal. Ich bezweifle, dass die zweite Hälfte der Geschichte richtig überliefert ist, denn ein stimmiges Werk entsteht nicht durch einen kombinatorischen Prozess, der unzusammenhängende Dinge aneinandertackert. Wie Quatremère de Quincy bemerkt, arbeitet die Natur bei der Ausbildung des Ideals nicht additiv.[79] Vielmehr muss Zeuxis beim Vergleich der fünf Modelle gewisse Ausprägungen des Individuums *fallen gelassen* haben, indem er etwa bemerkte, dass ein bestimmtes Fältchen am Auge der einen bei den anderen vier nicht vorhanden war oder eine stark gekrümmte Nase bei einem der Mädchen vom Mittel abwich. Er muss sich dem Ideal also genähert haben, indem er alles Akzidentelle Stück für Stück aus dem gemalten Antlitz entfernte. Zu begreifen, was Dinge gemeinsam haben oder, präziser, was das hinter ihnen stehende Ideal ist – ist also vielmehr ein Vorgang der Subtraktion.

Dasselbe Prinzip, andere Anekdote: Der englische Maler Joshua Reynolds schreibt im 18. Jahrhundert in seiner Kunsttheorie davon, dass er – um eine möglichst generalisierte Idee von den Objekten seiner Werke zu bekommen – die Augen halb geschlossen hielt, wenn er sie malte.[80] Eine allgemeine Vorstellung zu erreichen, bedeutet also nicht, möglichst genau hinzusehen, sondern möglichst ungenau.

Diese Idee korrespondiert mit einem berühmten Gedankenexperiment des Philosophen Daniel Dennett aus dem Jahr 1969: *»Consider the tiger and his stripes. I can see, dream or imagine a tiger, but must the tiger I experience have a particular number of stripes? If seeing or imagining is like having a mental image, then the image of the tiger must have – obeying the rules of images in general – a definitive* *number of stripes showing, and one should be able to pin this down with such questions as ›more than ten?‹, ›less than twenty?‹.«*[81] Dennett beschreibt hier, dass unsere Vorstellung von etwas überhaupt keine präzisen Merkmale hat. Vielmehr geht dem vorgestellten Tiger – dem Tiger im Allgemeinen – sogar etwas ab. Der vorgestellte Tiger vereint die Ähnlichkeiten, die alle Tiger miteinander gemein haben – und das verlangt, dass er weniger Eigenschaften hat als jeder individuelle Tiger, nicht mehr.

Was diese drei Beispiele vereint, ist, dass tiefe Ähnlichkeit, die sich dem Kern dessen nähert, was eine Sache (Schönheit, ein Anblick, ein Tiger) wirklich ist, die Entfernung von individuellen Eigenschaften bedingt. Diese Erkenntnis lässt sich auch auf Metaphern übertragen; schon Empson wies darauf hin,[82] dass eine geglückte Metapher dem Gemeinten möglichst unähnlich sei. Man beachte folgende Beispiele: a) »Ihr Rauhaardackel wippte vorwärts wie eine Wurst.« Und dagegen b) »Ihr Rauhaardackel wippte vorwärts wie ein Kurzhaardackel.« Letzteres ist in jeder Weise genauer, präziser – aber als Metapher ist es weniger geglückt. Je ähnlicher die jeweiligen Objekte sich also sind, desto weniger wird ausgesagt – was für ein merkwürdiger Modus der Referenz! Einen Sinn kann man aus dieser zunächst widersinnig erscheinenden Eigenschaft ableiten, wenn man die Metapher als einen Generalisierungsprozess begreift – einen Vorgang, der wie in den oben gemachten

Beispielen eine tiefe Ähnlichkeit durch die Entfernung von oberflächlichen Differenzen aufdeckt.

Piet Mondrian besteht in seiner Schrift »The New Plastic in Painting«[83] darauf, dass ein Prozess der Generalisierung – und damit meint er ebenfalls, konkrete Eigenschaften zu entfernen – eine Darstellung stärker determiniert, nicht weniger. Das läuft unserer Vorstellung zunächst zuwider. Wie kann ein Bild, wenn ich Details wegnehme, genauer werden statt ungenauer? Indem »genau« anders verstanden wird: als Charakterisierung des Wesens eines Dings, nicht eines individuellen Gegenstands.

Wenn also in seinem Bild »Broadway Boogie Woogie« ein Taxi als rotes Quadrat dargestellt wird, wird es nicht unbestimmter, sondern bestimmter, und zwar, weil ihm jede Eigenheit eines individuellen Taxis abgeht. (Das erst erlaubt es, im Taxi auch die rhythmische Form des Boogie zu erkennen – aber dazu später.)

Mondrian sprach im Zuge seines großen Projekts der Generalisierung davon, dass weder Form noch Aussehen oder archetypische Symbole determinierten, was ein Ding *wirklich ist*. Vielmehr seien es die Strukturelemente und Kräfte, die zu ihrer Formung führen – und diese seien darüber hinaus auch nicht voneinander getrennt. Cramer schildert diesen Gedanken Mondrians anhand des Atommodells:[84] Alle Dinge – ganz egal, welche Eigenschaften sie haben oder aus welchem Material sie bestehen – sind aus denselben Teilchen zusammengesetzt: Elektronen, Protonen und Neutronen (Strukturelemente). Will man wissen, um welche genau es sich handelt, so kann man ihnen nur durch Zerlegung näherkommen. Darüber hinaus werden die Rekombinationen dieser Teilchen durch ihre je spezifische Ladung bestimmt (Kräfte der Formung). Es gibt keine Regel, die dieses urtümliche Ballett dirigiert – die Dinge selbst verbinden sich; sie sind ihre eigene Regel. *Ähnlich* könnten in diesem Sinne, im Sinne der Kräfte, dann auch ein Schwein und ein Nagel sein, denn dieselben Prinzipien haben sich in ihnen ausformuliert. Man kann diese Ähnlichkeit aber nicht visuell argumentieren – sie sehen einander gar nicht ähnlich –, und egal, wie man sie darstellt, ihre Verwandtschaft auf der elementaren Ebene würde dadurch nicht hervortreten. Stattdessen muss man immer mehr Eigenschaften wegnehmen, das Schwein bis in die Proteine aufspalten und dann in Atome zerlegen, bis man sieht, dass es tatsächlich dieselben Teilchen und Kräfte sind wie im Nagel, die es zusammengehalten haben.

Natürlich ist das ein etwas extremes Beispiel, aber die Schlussfolgerung ist klar: Es gibt zwei Arten von Ähnlichkeit, eine oberflächliche und eine tiefe, und diese beiden haben nicht viel miteinander gemein. Oberflächliche Ähnlichkeit zeigt sich beispielsweise im Aussehen oder in der Form, und man stellt sie her, indem man ein

Ding dem anderen auf der Sinnesebene angleicht. Tiefe Ähnlichkeit hat mit der Identität von Strukturprinzipien zu tun und wird enthüllt, indem man Spezifika wegnimmt, also durch einen subtraktiven Vorgang. Das Spannungsfeld, in dem die Metapher existiert, könnte man meiner zweiten These nach so beschreiben: Sie ist nach der oberflächlichen Ähnlichkeit dem, was sie ausdrückt, möglichst unähnlich, der tiefen Verwandtschaft nach aber von ähnlicher Struktur. Um eine Traditionslinie zu jenen Menschen zu ziehen, die eine ähnliche Idee schon vor mir hatten, muss ich einen gewaltigen zeitlichen und räumlichen Sprung machen.

***

Auf Dharmakirti und Dignaga, indische Denker der buddhistischen Tradition aus dem 5. Jahrhundert, kam ich ursprünglich, weil ich für die erste These dieses Textes nach Konzepten suchte, die nicht zwischen primärer (literaler) und sekundärer (metaphorischer) Bedeutung unterschieden. Während diese in der westlichen Tradition rar gesät sind, finden sich hier wahre Goldgruben an Texten: Bhartrihari etwa vertritt die Überzeugung, dass jegliche Äußerung figurativer Natur sei und unabhängig von der Wirklichkeit Bedeutung entfalte.[85] Auch die Yogācāra-Schule um Sthiramati vertrat einen sogenannten pan-metaphorischen Zugang.[86]

Dabei ist vor allem eine Frage spannend: Wenn alles Gesagte metaphorisch-figurativ ist*, wie kann es dann überhaupt einen Zugriff auf die Welt geben? Wie gelingt es in Absenz des Eigentlichen – weil alles, was uns zugänglich ist, Übertragungen von Übertragungen sind –, die Gegenstände des Alltags erfolgreich zu bezeichnen und sich klar zu verständigen? Die kongeniale Lösung, die Dignaga und sein Schüler Dharmakirti vor 1500 Jahren gefunden haben, schließt direkt an Mondrians und Reynolds Gedanken zur Generalisierung an.

Ihre Idee basiert im Grunde auf zwei Annahmen, die allen mir bekannten europäischen Denkern entgangen sind. Ich illustriere sie an einem Beispiel. Bei dem Satz »Gib mir bitte diese Tasse« gibt es die folgenden zwei Möglichkeiten, wie sie sich in unserer Wahrnehmung abbilden, und sie entsprechen äußerst grob gesagt den Positionen, die im Mittelalter im sogenannten Universalienstreit aufeinanderprallten: Entweder ich verstehe die Aufforderung deswegen, weil ich Zugang zu einer abstrakten, tassenförmigen Idee habe (Realismus) – oder es handelt sich um pragmatisch auswendiggelernte Worte, die mit einer Handlung verbunden sind (Nominalismus).

Die indischen Denker, deren Ansicht ich gleich vorstellen will, haben durch die im Buddhismus vertretene

---

* Die buddhistische Tradition spricht hier von *upacāra* oder »figurativer Bezeichnung«.

Ansicht der Vergänglichkeit von allem, sogar dem Abstrakten, hier eine sehr klare Meinung: Laut Dharmakirti und Dignaga gibt es keine Allgemeinheiten, die in einem Ideen-Kosmos unveränderlich sind und ewig den Einzeldingen ihre Wirklichkeit verleihen. Alles, was existiert, sind vergängliche Partikularitäten, Einzeltassen, und gesellschaftliche Handlungen, die sie aneinanderbinden.[87]

Das führt aber sofort zu Problemen, wie sie Realisten oft stark machen: Wenn wir kein allgemeines Bild im Kopf haben, wie genau erkennen wir, dass es eine Tasse ist, die wir vor uns haben, ohne in einen metaphysischen Loop zu geraten, der besagt, Gott oder die Idee der Teilhabe habe es uns eingegeben? Wie kann man sich eine Tasse überhaupt vorstellen, wenn die Vorstellung doch aller Partikularität entkleidet sein müsste? Und wenn die Idee der Tasse selbst keine Tasse ist – woher bezieht die »Tassenhaftigkeit« dann ihre Form? Bringt uns das nicht in einen Regress, eine endlose, sich im Kreis drehende Argumentation?

Dignaga und Dharmakirti kommen nun auf eine ganz unerwartete Lösung. Die Idee der Tasse – das Allgemeine – hat überhaupt nichts mit einer Tasse – dem Einzelnen – gemein. Eigentlich handelt es sich gar nicht um eine Idee oder ein einheitliches »Ding«. Stattdessen sind Bezeichnungen oder Ideen vielmehr Anweisungen, die es erlauben, alle Dinge auszusuchen, die unter die

Kategorie »Tasse« fallen, oder vielmehr, was eben *nicht* unter diesen Begriff fällt. Dieses Prinzip wird als Inhärenz, oder Angehören (*samavāya*), bezeichnet.[88] Es funktioniert – dies ist nun meine Erläuterung – wie eine Art mentale Anweisung zu einem Begriff, der mir z. B. sagt, was in die Kategorie »Lamm«, »Apfel« oder »grün« gehört, dabei aber selbst nicht lamm- und apfelförmig, nicht grün ist. Es ist gar nicht leicht, gleich zu vermitteln, wie genial dieser Einfall ist. Wie ein Algorithmus, der etwa alles auswählt, was einer geraden Zahl oder einem Substantiv entspricht, selbst aber keine gerade Zahl oder ein Substantiv ist, sondern nur dazu dient, die Dinge, die Eigenschaften teilen, zu versammeln.[89] Damit wird man eine Menge ontologischer Probleme los.

Dabei wird nicht, wie im Pragmatismus westlichen Zuschnitts, die Untersuchung eines gedanklichen Objekts durch die Idee, dass unser Verstand eine »Blackbox« sei, für irrelevant erklärt und alle Macht der Gesellschaft zugesprochen. Es wird auch nicht wie im Kantianismus das Ding an sich einfach als unerreichbar abgetan. Wir können solche »Auswahlfunktionen« (nicht zu verwechseln mit dem mathematischen Terminus) sehr wohl untersuchen, wir haben Zugang zu ihnen.

Die erste Frage, die sich stellt, ist, welche Auswirkungen das auf die Metapherntheorie hat. Nun: gewaltige. Es wird sofort klar, inwiefern unsere Sprache nicht in der Literalität ihren Ursprung hat, wenn das »Original«, das »ideelle Abbild« eines Lammes mitnichten selbst ein Lamm ist, wie etwa Platon es im Sinn hatte. Weil es kein Urbild gibt, das sich sozusagen im selben Aggregatzustand befindet, ist nichts *eigentlich* – aber sicher auch nicht abgenutzt, verbogen oder vom Urzustand her verformt, wie Nietzsche und Derrida meinten. Sthiramati, der die buddhistische Tradition im 6. Jahrhundert fortführte, zieht eben diesen Schluss aus der Theorie, derzufolge alle Dinge nur Partikularitäten sind: Jede Rede ist metaphorische Rede, weil es ja gar kein »Original« gibt, sondern jegliche Rede in einer Übertragung auf etwas hinzielt, das keine literale Essenz haben kann.[90]

Nun besteht aber ein weiteres Problem. Denn wenn nichts wirkliche Essenz hat und alles die Übertragung einer Übertragung ist – was genau erkennen wir dann überhaupt, wenn wir die Tasse als Tasse erkennen? Vor allem Dignaga hat hier einen weiteren Plot-Twist im Ärmel. Denn wie genau die Auswahl durch diesen ideellen »Algorithmus« vonstattengeht, wird mit der Theorie des *apoha*, der doppelten Negation, erklärt.

So vermittelt z. B. das Wort »rot« nicht primär eine Vorstellung davon, was rot ist, denn es trägt keine Substanz in sich. Sondern es stellt ein Werkzeug dar, alles, was NICHT rot ist, auszuschließen.[91] Als *anyāpoha* – dem Ausschluss dessen, was etwas nicht ist – bezeichnet Dagnaga das Prinzip, das von Begriffen vermittelt wird.

Rot ist also nichts anderes als das, was nicht Nicht-Rot ist. Aber muss ich denn nicht schon wissen, was rot ist, um alles Nicht-Rote ausschließen zu können? Die Antwort der buddhistischen Tradition ist hier, dass Nicht-Sein eine ontologisch schwächere Kategorie als Sein ist, weshalb es leichter festzustellen ist, was etwas nicht ist, als was es ist.

So unintuitiv das zunächst klingt, so stimmt es wenigstens in einer Weise mit unseren Erfahrungen überein: Wir können schwer erklären, was rot ist, was süß ist, was rund oder kalt bedeutet. Gerade Qualitäten sind der Inbegriff der Unerklärlichkeit – und wir behelfen uns damit, auf Dinge zu verweisen, die zu den gemeinten Begriffen in Differenz stehen. Welche Farbe unser Auge wahrnimmt, wird, wie Ewald Hering 1892 feststellte, allein vom komplementären Rezeptor her bestimmt – also von allem, was diese Farbe nicht ist. Überhaupt erweist sich diese Theorie als umso logischer, je basaler die Begriffe sind, die verhandelt werden: Innerhalb eines Protons – des kleinsten Teilchens, das wir kennen – gibt es Up-Quarks, Down-Quarks und die Relation zwischen beiden (Gluon). Diese winzigen Partikel haben keine Eigenschaften mehr außer einer Differenz: Up-Quarks sind keine Down-Quarks und umgekehrt – mehr als diese fundamentale Dualität ist da nicht. In der Logik gibt es wahre und falsche Aussagen, wobei das Wahre das Nicht-Falsche und das Falsche das Nicht-Wahre ist.

Ich glaube, dass hier ein erster, sachter Brückenschlag zu dem geschehen kann, wovon im letzten Abschnitt bei Reynolds und Mondrian die Rede war. Idealisierung, also jener Prozess, der zum Kern dessen vordringen will, was etwas ist, vollzieht sich wie bei Zeuxis, der alles entfernte, was dieses Ideal nicht war, auch in der Apoha-Theorie durch Subtraktion. Dignagas und Dharmakirtis Texte vermitteln außerdem eine Idee davon, wie wir überhaupt sinnvoll von der Welt sprechen können, wenn alles metaphorisch ist und es gar keinen essenziellen Zusammenhang* zwischen unseren Äußerungen und den bezeichneten Dingen gibt. Sie erhellen auch, was ich im Prozess der Generalisierung als »tiefe Ähnlichkeit« bezeichnete und inwiefern diese keinerlei »oberflächliche Ähnlichkeit« mit dem Bezeichneten haben müssen.

Natürlich sind dies alles nur Ideen für eine – in der westlichen Tradition etwas anders gelagerte – Fragestellung, und der Begriff von Metapher, der in der indischen Schule auftaucht, wird westliche Literaturwissenschaftler nicht ganz befriedigen. Außerdem gibt es hier, für den an Russell geschulten Leser, ein Problem. Würde

---

* »Essenziell« hieße hier entweder »notwendige Namen«, wie es Platon in *Kratylos* behauptet, oder (in einer schwächeren Lesart), dass es eine normale und feste Verbindung zwischen Wort und Ding gibt, von der abnormale Verwendungen abweichen.

alles oben Gesagte stimmen, so müsste es auch ein Nicht-Metaphorisches geben, das dieses definiert. Sprache wäre dann gleichzeitig auch vollkommen literal und jeder Begriff vollkommen ident mit dem, was er bezeichnet. Kein Wunder, dass das alles doch wie ein Zen-Koan klingt. Und doch erschließt Apoha neue Wege in einer verfahrenen Situation der Metapherntheorie: Wege, die die ewige Fragestellung der Ähnlichkeit in der Unähnlichkeit neu beleuchten – und ganz nebenbei in Beziehung setzen zu einem der verfahrensten, kompliziertesten Themen der Philosophiegeschichte.

***

Ich werde nun einige der oben aufgemachten Gedanken zu kombinieren versuchen, um das Lose ein wenig zu bündeln. Die Frage, zu der diese Gedankensammlung einige Ansätze zu liefern versucht hat, war retrospektiv die: Was müsste gegeben sein, damit eine Behauptung wie »Alles ist metaphorisch, denn es gibt keine Literalität« Sinn machen würde?

a) Eine streng von anderen Tropen isolierte Metapherndefinition und das Abarbeiten an den immer selben Vergleichen sind, wie wir gesehen haben, eher Verhinderungsmaßnahmen als Wege zu einem besseren Verständnis. Eine Öffnung der begrifflichen Definition hin zu Feldern, von denen wir aufgrund ihrer Alltagsverwendung bereits wissen, dass sie metaphorisch sind, ist unabdingbar, um die Metapher selbst zu verstehen.

b) Was, wenn das, was wir an den Elementen der Metapher als verwandt begreifen, nichts mit oberflächlicher Ähnlichkeit zu tun hat, sondern mit tiefer Ähnlichkeit, wie wir sie in den Techniken der Generalisierung finden? Die Idee, dass die Metapher etwas offenlegt, indem sie es verhüllt, und ihr Charakter somit paradox ist, ist weit verbreitet.* Aber darin erschöpft sich tiefe Ähnlichkeit, wie ich sie verstehe, nicht, denn Generalisierung, wie wir sie in den Prozessen von Mondrian und Reynolds finden, funktioniert nur über einen Prozess der Subtraktion. So verstanden wäre die Metapher »Julia ist die Sonne« nicht das Herstellen einer Beziehung, sondern das radikale Minimieren von Eigenschaften, die ein Mensch und ein Fixstern haben, um die Grundkräfte, die zu ihrer

---

* Burke nennt dieses Phänomen *deflection*, Lakoff und Johnson *hiding*, Monroe Beardsley einen *twist*. Vgl. Burke, Kenneth: *The Philosophy of Literary Form*. Berkeley CA: University of California Press 1973; Beardsley, Monroe C.: *Aesthetics – Problems in the Philosophy of Criticism*. New York: Harcourt, Brace and Company 1958.

Ausformulierung führen, aufzuzeigen. Vor diesem Hintergrund wird die – beispielsweise von Franz Joseph Czernin vertretene – These der Unersetzbarkeit einer Metapher verständlicher. Die Metapher wäre dann nämlich nicht etwas, das erzeugt wird, sondern eine ganz grundlegende Struktur. Etwas Grundlegendes kann man aber nicht durch etwas Spezifisches ersetzen. Um beispielsweise zu verstehen, was ein Wassermolekül ist, kann man keinen Gegenstand der Welt heranziehen – sondern nur eine Zerlegung. Ebenso lässt sich statt einer literarischen Metapher nicht einfach ein anderes Wort einsetzen, ohne dass es zu einem Bedeutungsverlust käme.[92] Tiefe Ähnlichkeit bedeutet, dass man zwei möglichst unähnliche Dinge immer weiter entkleidet, in der Hoffnung, dass sich ihre tiefe Struktur als ähnlich erweist.

c) Wie können wir diese tiefe Ähnlichkeit feststellen? Möglicherweise weist die Metapher gar nichts Gleichartiges im Verhältnis zu dem auf, was sie bezeichnet, und identifiziert stattdessen per oben beschriebener Auswahlfunktion die Dinge, die auf sie passen. Sie gliche dann eher einem Fadenkreuz, das zum Anvisieren dient, um tiefe Strukturverwandtschaften sichtbar zu machen. Statt dass Achilles einem Löwen ähnlich wird, enthält der Begriff »Löwe« eine Aufforderung, an Achilles nach den Eigenschaften zu suchen, die in den fraglichen Bereich passen. Die beiden Begriffe müssen einander in ihrer Oberflächenstruktur nicht ähnlich sein, im Gegenteil – denn je unähnlicher sie einander sind, desto spezifischer fällt das Suchergebnis aus. Damit wäre auch die Frage beantwortet, warum »Der Rauhaardackel wippte wie ein Kurzhaardackel« trotz seiner immensen Trefflichkeit eine schlechte Metapher ist. Von einer Ähnlichkeits- zu einer Aufforderungsbeziehung zu wechseln, scheint auf den ersten Blick sehr subtil zu sein. Das liegt aber oft an der Einfachheit der Beispiele.

»Woyzeck: Adieu, Marie, du bist schön wie die Sünde. Kann die Todsünde so schön sein?«[93] Schönheit ist hier nicht etwas, das der Sünde per se ähnlich ist, wie Woyzecks kritische Nachfrage am Ende zeigt. Es handelt sich vielmehr um eine Anweisung an das Sprachverständnis der*des Lesers*in, an der Sünde etwas zur Schönheit Passendes zu finden. Noch deutlicher tritt der Unterschied zu einer Vergleichs- oder Substitutionsbeziehung bei folgendem Beispiel hervor: »Wir schaufeln ein Grab in den Lüften, da liegt man nicht eng.« Die Frage, welche konkreten Begriffe mit dieser Zeile gemeint sein könnten, erübrigt sich, weil es nichts gibt, das dieser Zeile ähnlich oder von ihr ersetzt worden wäre. Wir können nicht sagen: »Gemeint ist der Tod, respektive wurde das Wort Tod durch ›ein Grab in den Lüften‹ ersetzt«, denn diese

Erklärung verhehlt den Reichtum der originalen Formulierung. Sie ist erstens insofern reicher, als dass sie nicht nur Tod, sondern auch Mord, Trauer, Verflüchtigung, Trauerarbeit und unendlich viele andere Begriffe einschließt, und zweitens insofern, als keiner dieser Begriffe letztlich alles fassen könnte. Gewisse Dinge treffen auf keine der vermeintlichen Erklärungen zu. Man schaufelt vielleicht, wie um zu vergessen – aber dass die Erinnerungen dann nicht eng liegen, ergibt keinen Sinn. Ein und dasselbe Wort passt immer nur partiell – das macht gute Literatur aus, die sich nicht in einer Doppelung erschöpft. Sie drückt nicht nur, wie die Vergleichs- oder Substitutionstheorie suggeriert, etwas schmuckvoll und kompliziert aus, das man auch einfach sagen könnte. Vielmehr kreiert sie, was nur auf diese Weise allein gesagt werden kann; das Gesagte beginnt erst zu existieren, indem das Individualisierte, Einzelne abgetragen wird und die Idee sinnlich erfahrbar wird.

Inwiefern hilft die Vorstellung einer Auswahlfunktion dabei, das zu verstehen? Angenommen, wir haben eine Anweisung wie: »Ein Drache ist etwas, das fliegt und häufig trapezförmig ist; er kann innen Stangen haben und hängt an einer Schnur.« Hier wird offenkundig, dass keine der Beschreibungen zutreffen muss. Es gibt stangenlose Drachen ebenso wie solche, die nicht fliegen können – und dennoch erkennen wir sie als Drachen. Das ist aber nicht notwendigerweise ein Problem, wenn wir die Vorstellung aufgeben, dass wir ein »Urbild« eines Drachen vor Augen haben müssen, dessen ursprüngliche Form durch eine »ähnliche« ersetzt wurde. Stattdessen verfügt man über ein Werkzeug, das es erlaubt, einen Drachen zu erkennen, *egal, wie er aussieht*. Eine Metapher könnte man als eine Technik beschreiben, mithilfe derer man eine generelle Idee unabhängig von der Oberflächenbeschaffenheit eines Phänomens entwickeln kann.

***

Der Frage, warum man einer Problemstellung mit einer unkonventionellen, komplizierten Konstruktion zu Leibe rückt, wenn es bereits eine einfache, konventionelle Erklärung gibt, muss man sich aussetzen. Es handelt sich um eine Grundsatzentscheidung: Vergleichs- und Substitutionstheorien sind intuitiver und sparsamer als die Ideen, die ich in diesem Text präsentiert habe – ebenso wie der gefühlsmäßige Eindruck, etwas literal zu »meinen«. Doch manchmal ist es in der Philosophie wie bei der Newton'schen Gravitation – sie gilt für die einfachen Fälle und ist leicht zu erlernen; aber deswegen muss sie nicht zwangsläufig *stimmen*. Eine sich an Extremen orientierende Theorie soll vor allem das Feuer entfachen, das große Wundern über Dinge: Wie in aller

Welt kann eine Zeichenkette aus kleinen schwarzen Glyphen auf die ewigen Wahrheiten verweisen – und warum brauchen wir zudem eine Form, in der sie nicht einmal das bedeuten, was sie »eigentlich« bedeuten? Sich in Humpty-Dumpty-artiger Verdrehung das Konkrete zu erschließen – dass das in keiner Weise normal ist und wir ebenso wunderländische Ideen entwerfen müssen, um eine Chance auf Verständnis zu haben – ist der Hintergrund meiner theoretischen Überlegungen.

ENDE

Ich hoffe, dass die skizzenhafte Natur meines Textes nicht meine Bewunderung für die Denker*innen verhehlt, die in dieser Hinsicht in viel kohärenterer, strengerer Weise als ich Pionierarbeit geleistet haben, oder die Tatsache, dass ich mir der Lücken meiner Ausführungen sehr wohl bewusst bin. Viele Autor*innen und Philosoph*innen haben in der Vergangenheit den Anlass einer Vorlesung genutzt, um Ideen zu entwickeln, die sie später in ausführlicherer Form ausarbeiten konnten. In diesem Sinne hoffe ich, die Leser*innen neugierig und offen gestimmt zu haben einer Arbeit gegenüber, die noch in der Zukunft liegt.

ANMERKUNGEN

Alle Links wurden zuletzt am 08. Mai 2024 abgerufen.

1 Descartes, René: *Entwurf der Methode. Mit der Dioptrik, den Meteoren und der Geometrie.* Übers. und hrsg. v. Christian Wohlers. Hamburg: Felix Meiner Verlag 2015, Appendix 3.
2 Radford, Colin; Weston, Michael: »How can we be moved by the fate of Anna Karenina?«. In: *Proceedings of the Aristotelian Society*, Supplementary Volumes. 49 (1975), S. 67–93.
3 Frege, Gottlob: *Über Sinn und Bedeutung*. Leipzig: Reclam 2019.
4 Lewis, David: *Counterfactuals*. Oxford: Basil Blackwell 1978.
5 Platon: *Politeia*. 1988b, S. 404.
6 Walton, Kendall: »Fearing fictions«. In: *The Journal of Philosophy* Vol. 75 (1978).
7 Russell, Bertrand: *On Denoting. Mind*. Oxford: Oxford University Press on behalf of the Mind Association 1905.
8 Aristoteles: *Poetik*. Griechisch/Deutsch. Stuttgart: Reclam 1982.
9 Searle, John R: »The Logical Status of Fictional Discourse«. In: *New Literary History*, 6 (1975), S. 319–333.
10 Leslie, A. M.: »Pretense and representation: The origins of ›Theory of mind‹«. In: *Psychological review* 94 (4). 1987, S. 412–426.
11 Stachowiak, Herbert: *Allgemeine Modelltheorie*. Wien/New York: Springer 1973.

12 Wittgenstein, Ludwig: *Philosophische Untersuchungen* – Teil II. Frankfurt a. M.: Suhrkamp 1999, Abschnitt xi.

13 Frigg, Roman; Nguyen, James: »The Fiction View of Models Reloaded«. In: *The Monist* 99 (2016), S. 225–242.

14 Vgl. https://www.popularmechanics.com/technology/gadgets/a7681/erno-rubik-explains-the-success-of-his-cube-8707449/

15 Ebenda.

16 Albrecht Koschorke nennt dies etwa »Schemabildung«. Vgl. Koschorke, Albrecht: *Wahrheit und Erfindung*. Frankfurt a. M.: S. Fischer Verlag 2021.

17 Martínez, Matias; Scheffel, Michael: *Einführung in die Erzähltheorie*. München: C.H.Beck 2019, S. 20.

18 Crittenden, Charles: *Unreality. The Metaphysics of Fictional Objects*. Ithaca: Cornell University Press 1991.

19 Currie, Gregory: *The Nature of Fiction*. Cambridge: Cambridge University Press 1990.

20 Russel, Bertrand: »Wahrheit und Falschheit« (1912). In: Gunnar Skirbekk (Hrsg.): *Wahrheitstheorien*. Frankfurt a. M.: Suhrkamp 2019.

21 Searle, John R.: »Der logische Status fiktionaler Rede«. In: Reicher, Maria E. (Hrsg.): *Fiktion, Wahrheit, Wirklichkeit*. Philosophische Grundlagen der Literaturtheorie. Paderborn: Mentis 2007 [1974/75], S. 21–36.

22 Zipfel, Frank: *Fiktion, Fiktivität, Fiktionalität*. Analysen zur Fiktion in der Literatur und zum Fiktionsbegriff in der Literaturwissenschaft. Berlin: Erich Schmidt 2001.

23 Koschorke, Albrecht: *Wahrheit und Erfindung*. S. 349 ff.

24 Goodman, Nelson: *Sprachen der Kunst*. Sinzenheim: Suhrkamp 1997.

25 Ebenda, S. 60.

26 Ebenda, S. 59.

27 https://en.wikipedia.org/wiki/Exemplification

28 Goodman, Nelson: *Sprachen der Kunst.* S. 62.

29 Schlegel, Friedrich: *Athenaeums-Fragmente. Lyceums-Fragmente.* Berlin: Zenodot 2016, S. 144.

30 Vgl. ebenda, S. 116, S. 238.

31 Vgl. ebenda, S. 42.

32 Vgl. Aristoteles: *Metaphysik.* Buch VII. Leipzig: Reclam 1970.

33 Vgl. Hölderlin, Friedrich: *Hyperion.* Leipzig: Reclam 1998.

34 Solórzano, Susan Lowell de; Levin, Stephen M.: *Everything moves. How biotensegrity informs human movement.* London: Handspring Publishing Limited 2020.

35 Vgl. Neurath, Otto: »Protokollsätze«. In: Ders.: *Gesammelte philosophische und methodologische Schriften.* Band 2. Wien: Verlag Hölder-Pichler-Tempsky. 1981–1998, S. 206.

36 Palazzo, Marcello: »Movement codes: the art of hiding«, https://www.marcellopalozzo.com/movement-codes-the-art-of-hiding/

37 https://medium.com/@anuupadhyay1994/how-to-approach-a-coding-problem-1a49280758ed

38 Hunicke, R.; LeBlanc, M.; Zubek, R.: »MDA. A Formal Approach to Game Design and Game Research«. In: *Proceedings of the AAAI Workshop on Challenges in Game AI* (Vol. 4, No. 1) 2004.

39 Chen, Jenova: *From Journey to Sky-Lessons learned.* Keynote. Game UX Summit, Lille 2019.

40 Rouse, Richard: *Game Design, Theory and Practise.* Plano: Wordware Publishing 2006, S. 116.

41 Ebenda, S. 117.

42 Frenzel, Elisabeth: *Vom Inhalt der Literatur.* Stoff, Motiv, Thema. Stuttgart: Klett-Cotta 1966.

43 Johnson, Mark; Lakoff, George: *Metaphors We Live By.* Chicago: University of Chicago Press 1980.

44 Ebenda, S. 147.

45 Czernin, Franz Joseph; Eder, Thomas: *Zur Metapher*. München: Wilhelm Fink 2007, S. 35.

46 Gibbs, R.: *The poetics of mind: Figurative thought, language, and understanding*. New York: Cambridge University Press 1994.

47 Vgl. ebenda, S. 290.

48 Devitt, Michael: Reference, https://www.rep.routledge.com/articles/thematic/reference/v-1

49 Nietzsche, Friedrich: *Über Wahrheit und Lüge im außermoralischen Sinne*. Frankfurt a. M./Leipzig: Insel-Verlag 2000, S. 15 ff.

50 Derrida, Jacques: »White Mythology: Metaphor in the Text of Philosophy«. In: *New Literary History*, Vol. 6, No. 1, On Metaphor. 1974, S. 5–74.

51 Vgl. France, Anatole: *Der Garten des Epikur*. Minden: Verlag Bruns 1906.

52 Vgl. Derrida 1974, S. 6 ff.

53 Vgl. Konersmann, Ralph (Hrsg.): *Wörterbuch der philosophischen Metapher*. Darmstadt: Wiss. Buchgesellschaft 2014, S. 8.

54 Vgl. ebenda.

55 Vgl. Benjamin, Walter: *Über Sprache überhaupt und die Sprache des Menschen*. Leipzig: Reclam 2019.

56 Vgl. Reimer, Marga; Camp, Elisabeth: »Metaphern«. In: Czernin, Franz Joseph; Eder, Thomas: *Zur Metapher*. München: Wilhelm Fink 2007, S. 25.

57 De Man, Paul: »Epistemologie der Metapher«. In: Haverkamp, Anselm (Hrsg.): *Theorie der Metapher*. Darmstadt: Wissenschaftliche Buchgesellschaft 1996.

58 Czernin; Eder 2007, S. 138.

59 Vgl. Sulzer, Johann Georg: *Allgemeine Theorie der schönen Künste*. Norderstedt: Hansebooks 2016.

60 Vgl. Aristoteles: *Poetik*. Griechisch/Deutsch. Kapitel 10, 1457b.

61 Vgl. Quintilianus, Marcus Fabius: *Ausbildung des Redners* (Institutio Oratoria). Zwölf Bücher. Darmstadt: Wissenschaftliche Buchgesellschaft 2011. Kapitel 8.6, S. 8–9.

62 Vgl. Ortony, Andrew; Schallert, Diane L.; Reynolds, Ralph E.; Antos, Stephen J.: »Interpreting Metaphors and Idioms: Some Effects of Context on Comprehension«. In: *Journal of Verbal Learning and Verbal Behavior*, 17(4, 1978), S. 465–477.

63 Vgl. Fogelin, Robert J.: *Figuratively Speaking*. New Haven: Yale University Press 1988.

64 Vgl. Künne, Wolfgang; Schröder, Severin: *Zur Metapher*. München: Wilhelm Fink 2007.

65 Celan, Paul: *Mohn und Gedächtnis*. Deutsche Verlags-Anstalt 2012, S. 37.

66 Vgl. Goodman, Nelson: »Metaphor as moonlighting«. In: *Critical Inquiry* Vol. 6, No. 1. (1979), S. 125.

67 Ebenda.

68 Rinck, Monika: *Honigprotokolle*. Berlin: Kookbooks 2012.

69 Erb, Elke: *Sachverstand*. Weil am Rhein: Urs Engeler 2000.

70 Vgl. Braak, Ivo: *Poetik in Stichworten*. Stuttgart: Hirts 2007, S. 44ff.

71 Vgl. z.B. Kohl, Katrin: *Metapher*. Stuttgart: Metzler 2007, S. 103.

72 Vgl. Quintilianus 2011. VIII, 6, 44.

73 Edelbauer, Raphaela: *DAVE*. Stuttgart: Klett-Cotta 2019, S. 192.

74 Vgl. Johnson; Lakoff 1980.

75 Schöffel, Georg: *Denken in Metaphern*. Opladen: Westdeutscher Verlag 1987.

76 Vgl. Blumenberg, Hans: *Paradigmen zu einer Metaphorologie*. Frankfurt a. M.: Suhrkamp 2019.

77 Vgl. Cassirer, Ernst: *Philosophie der symbolischen Formen*. Zweiter Teil: Das mystische Denken. Hamburg: Felix Meiner 2019.

78 Vgl. Konersmann 2014.

79 Vgl. Quartremere de Quincy, Antoine: *Essai sur la nature, le but et les moyens de l'imitation dans les beaux-arts.* Paris: Treuttel et Würtz 1823.

80 Vgl. Cramer, Joshua Charles: *Abstraction and the classical ideal.* Newark: University of Delaware Press 2006, S. 53.

81 Vgl. Dennett, Daniel: *Content and Consciousness.* Abingdon: Routledge 2010, S. 136.

82 Vgl. Empson, William: *Seven Types of Ambiguity.* London: Chatto and Windus 1949. Kapitel I.

83 Mondrian, Piet: *The New Art – The New Life: The Collected Writings.* Cambridge: Da Capo Press 1993.

84 Vgl. Cramer 2006, S. 142.

85 Vgl. Bhartṛhari: »Vākyapadīya«. In: *Abhandlungen für die Kunde des Morgenlandes* (XLII, 4). Wiesbaden: Franz Steiner Verlag 1977.

86 Vgl. Tzohar, Roy: *A Yogācāra Buddhist Theory of Metaphor.* Oxford: Oxford University Press 2018. Einleitung.

87 Vgl. Holba, Jiri: »The Concept of Exclusion (Apoha)«. In: *Buddhist Philosophy.* Ljubljana: Ars and Humanitas. Ausgabe 29. 2022, S. 59.

88 Vgl. ebenda.

89 Vgl. Tillemans, T.: »How to Talk About Ineffable Things«. In: Siderits, M., Tillemans, T.; Chakrabarti, A. (Hrsg.): *Apoha. Buddhist Nominalism and Human.* New York 2011, S. 53.

90 Vgl. Tzohar 2018, S. 46.

91 Vgl. Holba 2022, S. 62–63.

92 Vgl. Czernin; Eder 2007, S. 85.

93 Büchner, Georg: *Woyzeck.* Leipzig: Reclam 2017. Szene 13.